алтера

Библиотека Савремена историја
Томас Бремер
КРСТ И КРЕМЉ
Мала историја православне цркве у Русији

Наслов оригинала:
Thomas Bremer
Kreuz und Kreml. Kleine Geschichte der orthodoxen
Kirche in Russland

Главни и одговорни уредник
Милан И. Арнаут

Уредник издања
Дејан Михаиловић

Објављивање ове књиге подржала је књижевна мрежа ТРА-
ДУКИ, коју су покренули Министарство европских и иностраних
послова Аустрије, Министарство иностраних послова Немачке, Шва-
јцарско уметничко веће Pro Helvetia, Kultur-Kontakt Аустрија, Гетеов
институт и Фондација С. Фишер

Copyright © 2007, Verlag Herder, Freiburg im Breisgau
Copyright © of the translation: 2010, S. Fischer Foundation
by order of TRADUKI
Copyright © овог издања 2011, АЛТЕРА

Томас Бремер

КРСТ И КРЕМЉ

Мала историја православне цркве у Русији

Са немачког превео
Милутин Станисавац

Београд, 2012.

САДРЖАЈ

Предговор српском издању.................... 9

УВОД 13

1 РАЗГРАНИЧЕЊА 17

1.1 Предмет – садржинско разграничење 17
1.2 Простор – територијално разграничење 21

2 ЕПОХЕ 27

2.1 Христијанизација......................... 28
2.2 Кијевска „Русија" 31
2.3 Од „Руске земље" до Велике московске кнежевине . 38
2.4 Реформе Петра Великог и раздобље Синода.... 45
2.5 Двадесето столеће 53

3 ХРИСТИЈАНИЗАЦИЈА И ШИРЕЊЕ 65

3.1 Рано хришћанство пре „крштења Руса"........ 67
3.2 Христијанизација......................... 69
3.3 Премештање на север 74
3.4 Мисионарско деловање руске цркве.......... 77
3.5 Емиграција и црквени расколи 85

4 ЦРКВЕНА СТРУКТУРА 91

4.1 Јурисдикцијска зависност од Цариграда....... 91
4.2 Аутокефалност и патријаршија 96

4.3 Раздобље Синода 101
4.4 Помесни сабор 1917. 109
4.5 Данашње стање Руске православне цркве 113

5 ЦРКВА И ДРЖАВА 117

5.1 Византијска *symphonia* у Русији и у Московској царе 118
5.2 Руска црква и просвећена држава 125
5.3 Црква под комунизмом 131
5.4 Црква и државни идентитет после 1991. 142

6 ТЕОЛОГИЈА И РЕЛИГИЈСКА МИСАО . . . 149

6.1 Византијско наслеђе 149
6.2 Западни утицај 153
6.3 Филозофија религије у XIX столећу 160
6.4 Теолошка кретања у XX столећу 166

7 МОНАШТВО 173

7.1 Кијевска Печерска лавра 175
7.2 Спор око манастирске имовине 178
7.3 Старци 182

8 ДУХОВНОСТ И РЕЛИГИОЗНОСТ 189

8.1 „Умна молитва". 190
8.2 Побожност према иконама 194
8.3 Исповедање вере данас 201
8.4 Православље и идентитет 206

9 РУСКО ПРАВОСЛАВЉЕ И ЗАПАД 211

9.1 Утицај и претња 212
9.2 Склапања унија 217
9.3 Екуменски односи 222

10 ДИСИДЕНТСТВО 231

10.1 Рани теолошки спорови 231
10.2 Староверци 237
10.3 Руске секте 243
10.4 Верски дисиденти у Совјетском Савезу 246

Додатак 253

    Хронолошка табела 253
    Литература 259
    Именски регистар 263

Белешка о аутору 269

ПРЕДГОВОР СРПСКОМ ИЗДАЊУ

Ову је књигу написао аутор који није ни Рус ни православац. Одређена дистанца, међутим, често омогућава поглед са стране који може прегледно да обухвати целокупну проблематику неке теме. Потрудио сам се да опишем Руску православну цркву у њеној историјској перспективи и у њеном данашњем стању на начин који одговара научним критеријумима, али који је интересантан и прихватљив и за ширу читалачку публику. Због тога књига није написана по хронолошком принципу. Прво поглавље пружа преглед историјског развоја руског православља од почетака до данашњег времена, а у нареднима се анализирају најважније области црквеног живота, али увек из историјске перспективе. Данашње стање православне цркве у Русији да се разумети само ако се има на уму њен развој кроз векове и њен однос према различитим феноменима као што су држава, Запад или грчко-византијски свет.

Књига је првобитно намењена немачкој читалачкој публици. Према томе, неки детаљи које лако разумеју читаоци из православне средине описани су можда опширније него што је потребно. С друге стране, понекад се износе поређења са западним приликама и црквама која су разумљива за немачког читаоца, али која траже додатна објашњења за српску публику. Потрудио сам се да за српско издање скратим таква места, односно, да додам оно што је неопходно и прилагодим текст српској читалачкој публици.

Први контакт с православљем и са словенским светом стекао сам пре више од тридесет година у Београду и преко Српске православне цркве. Тај сусрет навео ме је да се у свом научном раду посветим православљу и тако, на неки начин, одредио мој живот. Ова књига је, дакле, један касни резултат тог првог сусрета и стога ми је посебно драго што излази на српском језику. Захвалан сам свима који су се око ње потрудили, најпре преводиоцу Милутину Станисавцу, који је врсно и началачки превео текст, уреднику Дејану Михаиловићу, од кога је кренула иницијатива за превођење, и међународној мрежи „Традуки" која је финансијски подржала овај пројекат.

Томас Бремер

КРСТ И КРЕМЉ

УВОД

Разумевање Русије, а пре свега руског хришћанства, на Западу је често обележено предрасудама. Представа о „светој Русији" или о „руској души", коју карактерише некаква посебна способност трпљења, али и пространство руског пејзажа, или неко посебно интересовање за иконе и за облике руске духовности, често одређују начин на који се посматрају Русија и њена црква. Један такав сентиментални приступ, међутим, занемарује важне елементе и развој руске црквене историје, који су од суштинске важности за разумевање Русије и њеног хришћанства.

Један важан аспект при свему томе јесте питање припадности Русије „Европи". Распрострањено површно схватање по коме се Европа изједначава са Европском унијом намеће овде једну супротност која нема покриће у историјским сазнањима. Проблем се понекад поставља и у форми која генерално доводи у питање спојивост Европе и православља. Процеси интеграције, захваљујући којима су, поред припадника других православних цркава (пре свега Грчке и Кипра, али и Бугарске и Румуније), грађани Европске уније постали и верници руског православља, посебно у балтичким земљама, допринели су да се представници Руске православне цркве све чешће изјашњавају о европским темама, посебно о онима које се баве духовним темељима европског континента. Дакле, поновно се мора промишљати питање географске, историјске, културне и верске припадности Русије Европи.

Ово питање за руско православље ниуколико није ново. Историја показује да је за Русију и руско православље однос према Западу увек био централна тема. Због свога географског положаја, Русија је морала да развија посебан однос према азијском простору, а њено припадање и Европи и Азији имало је од XIX столећа важну улогу у њеној духовној историји. Штавише, Русија се увек осећала и као европска држава, а остале европске државе – а за Русију то увек значи Запад – стално су имале контакте са њом, били они економски, политички, ратни или духовни. И поред тога, узајамно непознавање и данас је још увек у великој мери присутно.

Ова књига настоји да тај недостатак донекле умањи: са једне стране, она указује на посебност и извесну самосвојност руског хришћанства, док, са друге, расветљава његову припадност и Европи. Она треба да омогући увид у историју и садашњост Руске православне цркве који, наравно, због ограниченог простора, не може да буде ништа више од почетног увода. При том, она нуди не само хронолошки приказ руске црквене историје од њених почетака до данас, него – после увођења у најважнија раздобља, токове и догађаје – кроз уздужни пресек износи главне теме и проблемске области које у свом историјском значењу треба да се представе, ако је могуће, увек са тежиштем на данашњој ситуацији. Тако се у њој претресају питања монаштва, теологије, односа према држави или према Западу. Ова питања не могу се расправити сасвим исцрпно, него се ваља ограничити на најбитније тачке. Због оваквог поступка неки се аспекти више пута помињу у различитим поглављима. Надаље, избегнуто је опширно навођење литературе; у примедбама се упућује на дословне наводе, а попис литературе указује на поједина важна дела секундарне литературе на немачком језику и на најзначајније руске наслове. Тако се даје преглед најважнијих тема руске црквене историје који би могао да буде довољан као увод.

Захваљујем својим сарадницама и сарадницима Стефани ван де Ло, Марији Вернсман, Михаелу Алтмајеру, Алфонсу Брининrу (сада Најмехен) и Кристофу Милу, који су читали рукопис и давали ми многа вредна упутства. За важан подстицај захвалан сам господину Фридеману Клугеу. Хајке Деренбехер ми је често помогла лепим речима и мудрим саветом и то не само у време настајање ове књиге. Разговори са Стефанијом Шифер и заједнички одлазак у цркву били су ми веома драгоцени. Њима од срца захваљујем на пријатељству и подршци.

1 РАЗГРАНИЧЕЊА

1.1 Предмет – садржинско разграничење

Могуће је замислити више начина да се изнесе руска црквена историја: један би могао да се односи на „Русе" у значењу нације, „народа". Тада би то била историја хришћанства код Руса, при чему православљу припада истакнуто место. Али би се морала узети у обзир и друга хришћанска. а свакако и нехришћанска уверења и заједнице којих код Руса има. Државне границе и уређења нису при том од посебне важности, али би у сваком случају требало размотрити од када би се код Руса могло говорити о нацији и шта је уопште нација. Друга могућност јесте да се поменути приказ посматра као историја Руске православне цркве (РПЦ), која је данас највећа верска заједица код Руса. Ово би имало бројне последице: тако би, наиме, биле искључене друге важне цркве, протестанти, католици, чак у исвесном смислу и староверци који су се од руског православља одвојили у XVII столећу. Сама тема у том случају не би била ограничена на Русију, пошто руско православље постоји и у другим државама. Уза све ово, ваљало би разматрати од када се може говорити о Руској православној цркви и како приступити организацијама које су јој претходиле. Трећа могућност била би да се нагласак не ставља на нацију, него на државу, на Русију.

У томе случају, то би била историја цркве, односно црква, или чак историја религија у Русији, односно историја религија на територији данашње Руске Федерације и држава које су јој предходиле, Совјетског Савеза, Руске царевине итд. Тиме би се обухватиле и католичке и различите евангелистичке цркве и било би могуће замислити, штавише, то би имало и смисла, једну историју нехришћанских религија, јудаизма, ислама и будизма, које све имају велики значај за Русију.

Проблем ближег одређења самог предмета јесте и у томе што су се током историје мењале не само границе различитих државних творевина које су себе сматрале искључиво или претежно „руским", него су се мењале и црквене структуре, њихова јурисдикцијска припадност, као и географски простори на којима су оне имале своја упоришта. То би донекле могло да се упореди са немачком црквеном историјом, уколико би неко имао намеру да једну такву напише, а онда би у њој важну улогу имали градови као што су Салцбург, Утрехт, Праг, Беч и Вроцлав, који данас више не припадају Немачкој. Такође, и званичне форме у којима данас живи католичка црква, рецимо Немачка бискупска конференција или Централни комитет немачких католика, имале су као претходницу читав низ организација различитог карактера. Дакле, током овога приказивања биће неопходно да се ове промене у простору, а тиме и мењање самога предмета, обухвате на примерен начин.

Тежиште ове црквене историје треба да буде на православној цркви код Источних Словена, односно, касније код Руса. Неће се, дакле, описивати феномен „хришћанства" или „религије" код етничких Руса или у Русији, него ће се приказати историја источног, православног хришћанства. Пошто се почеци хришћанства код Источних Словена у X столећу могу наћи у областима данашње Украјине, пре свега у Кијеву, то у погледу географског простора значи да овај историјски приказ мора да посегне изван данашње руске територије. Тек касније се тежиште померало на север, све док, коначно, престоница није постала Москва, затим Санкт Петербург, па у XX столећу поново Москва. Дакле, руска црквена историја почиње у Кијеву. Данашње повремене политичке напетости између Русије и Украјине могу се разумети имајући у виду такође и овакву прошлост. Неким Русима је врло тешко да прихвате да је Кијев, „мати руских градова" и колевка руског православља, данас иностранство. И обрнуто, многи Украјинци у христијанизацији старог Кијева веома тешко препознају крштење Русије. И ови проблеми такође морају да се размотре.

Прва црквена организација у X столећу, а више векова је то и остала, била је заправо „грчка црква" јер је њеног поглавара, митрополита, постављао или бар потврђивао Цариград. Чак је и последњи од тих митрополита у XV столећу био Грк, а не Словен. Тек после тога руска црква постала је фактички аутокефална (самостална), тј. могла је сама да одређује свога поглавара и ни од кога није морала да тражи потврду. Током следећих столећа цркву су водили митрополити, патријарси, затим један гремијум звани „Најсветији владајући синод", и коначно данас, после свих пометњи у XX столећу, на челу цркве опет се налази патријарх. Такође, многоструко се мењала и конкретна форма црквене организације. Ти различити облици једне и исте цркве на простору који се мењао такође су тема излагање која следе.

У време христијанизације „Руске земље"[1], како се ова творевина зове, дакле у X столећу, није постојала национална свест. Постоје нејасна и непостојана имена појединачних источнословенских племена која су, међутим, сва говорила једним заједничким језиком, старословенским или црквенословенским. Током историјског развоја у новом добу су се из ових племена развиле три велике источнословенске нације, Руси, Украјинци и Белоруси. Они данас највећим делом живе у државама које су назване по њиховим именима (или по којима су ови народи названи), при чему су границе између њих нејасне, а постоје и двоструки идентитети. А пошто је руска црква своју јурисдикцију проширила, или је још увек шири, и на Украјинце и Белорусе, овде ће бити речи и о овим нацијама.

Јасно је, дакле, да овај приказ мора да покрије више различитих аспеката, утолико пре што се развитак руске црквене историје увек одвијао и у контакту са другим црквама, као што су и различите руске државе биле у међуодносу са другим државама или државним творевинама. Ову динамику односа између географског простора, нације и црквене организације увек треба уважавати и изнова је расветљавати.

---

[1] Термин *Русь* је руски историцизам, реч којом се првобитно означавала руска земља, земља Руса, државна заједница Источних Словена на средњем Дњепру, којом се од 9. до 12. столећа назива територија Кијевске Русије (*Киевская Русь*). У 12. и 13. столећу то је назив за руске земље и кнежевине, а од 13. столећа јављају се и називи *Белия Русь* (за белоруске земље) и *Малая Русь* (за украјинске). Традиционално се преводи на српски као и данашња реч за руску земљу, *Россия* (= Русија), а ради дистинкције од данашњег термина Русија (и у немачком оригиналу ове књиге реч Русь је транскрибована као *Rus'*), термин *Русь* преводили смо надаље у овој књизи као „Руска земља" (искључиво међу наводницима), а као Русија само у називу историјске одреднице Кијевска Русија. – Прим. прев.

И, једно упутство о методолошком поступку: једна мала историја руске православне цркве подразумева да се у приказу следи хронолошки ток. Али то ипак не би требало да буде у првом плану. Поглавље које следи настоји да пружи преглед важних епоха и догађаја. Затим је у следећим поглављима тежиште на конкретним питањима. То су теме христијанизације и ширења хришћанства, питања црквених структура, цркве и државе, теологије и религијске мисли, монаштва, духовности и религиозности, руског православља и Запада, као и питање дисиденства. Дакле, пре је реч да се ови феномени прикажу у посебностима њиховог историјског развитка као и у њиховом садашњем стању, а не само као редослед догађаја и појава. Друго поглавље ће зато имати за циљ да упозна са главним епохама, које су потом претпоставке за приказ поменутих предметних области. По себи је разумљиво да ће при том поједине тачке бити посебно наглашене.

1.2 Простор – територијално разграничење

Данашња Руска Федерација највећа је држава на свету. Њена површина обухвата око 17 милиона километара квадратних, што чини 11,5% површине Земље. Територија Немачке, са 375.000 квадратних километара, стаје тачно 50 пута у територију Русије. Држава се у смеру исток–запад простире на 9.000 километара, то јест, сеже од Балтичког до Јапанског мора. Највећа раздаљина од севера до југа земље је 4.000 километара. Када би неко желео да Русију обиђе дуж њених граница и обала, морао би да пропутује 61.000 километара.

У Русији данас живи 145 милиона становника, и то скоро три четвртине њих (74%) у градовима, а само мањи део на селу; земља има 15 милионских градова; Москва има 10 милиона становника, Санкт Петербург око 4 милиона. Како и само име државе говори, Русија је уређена федеративно. У Русији има укупно 89 субјеката Федерације различитог статуса, и то: 21 република, 6 региона, 49 области и 2 главна града (овај назив традиционално носе Москва и Санкт Петербург) са специјалним статусом, затим 10 „аутономних округа" и 1 „аутономна област". Одлуком председника Путина из 2000. године, да се земља подели на седам великих региона („федералних округа") у којима председник као стварне носиоце власти поставља „опуномоћенике Председника", оснажени су централистички елементи унутар федеративне структуре. Највећа нација у Руској Федерацији су Руси, чији удео у укупном становништву износи 83%, 3,8% има Татара, 2,35% Украјинаца, а поред тога и бројних других нација које живе у Русији, делом хомогенизованих у одређеним областима, а делом расејаних по читавој земљи.

У Совјетском савезу, који се распао крајем 1991. године, било је 15 совјетских република, од којих је највећа била руска („Руска социјалистичка федеративна совјетска република" или РСФСР). Она је покривала 76 % укупне територије Совјетског Савеза и непосредна је држава претходница данашње Русије. Ова енормна величина земље је на њу оставила снажан траг. Историја је увек везана за конкретни простор или просторе, а у земљи тих размера у многим областима развој тече другачије него у некој мањој. То почиње са врло практичним стварима, рецимо, са различитим временским зонама (временска разлика између Москве и Владивостока је за два сата већа него него разлика између Немачке и Њујорка; када се у Москви гледају вести у 21 сат, на истоку је већ рано јутро следећег дана); или са различитим климатским зонама и практичним проблемима који су из њих проистичу, рецимо, у транспорту: широка пространства Сибира практично су недоступна и поред великих водотокова у сезони без леда, а тамо где не допире транссибирска железница једино саобраћајно средство су авион и хеликоптер. Само поглед на карту Сибира упечатљиво говори да се на просторима од стотине километара једва може уочити неки пут. Последица ових околности је да у сваком погледу између градова смештених у европском делу и других делова Русије постоје велике разлике. Мада је покушај совјетског система да убрзаном модернизацијом превлада ову неравномерност претрпео неуспех, данас то има за последицу да се на једном месту могу уочити врло различити нивои развоја.

У екуменским односима последњих година појам „територије" имао је важну улогу пошто Руска православна црква за себе захтева „канонску територију", дакле, област на којој је она владајућа црква и на којој једино она сме да проповеда Јеванђеље. Територија начелно значи да постоји област са утврђеним и јасно одређеним видљивим границама. Ова појава је у историји релативно новијег датума, а историјски важи само тамо где постоје конкретне природне границе као што су обале и реке. У противном, сасвим је нормалан случај да границе области које подлежу одређеној власти буду нестабилне и да се често мењају. У почетним фазама руске црквене историје не може се говорити о јасно омеђеној територији. Формације о којима се говори у овом контексту нису биле државе у модерном смислу, него облици владавине који су били везани за конкретне господаре. Ратним походима могу да се покоре друга племена, тј. да се присиле на данак. Али чак ни тако стечене „територије" нису биле омеђене нити сигурне; осим обавезе давања данка, сама ова зависност није морала имати неке конкретне последице. Осим тога, за руску историју је значајно што је дуго на истоку постојало извесно неухватљиво пространство које није „припадало" никоме: Сибир. До спорова око граница долазило је пре свега на западу, са Пољском, Литванијом и Шведском, а делом и на југу, са Турском, али не и на северу, где све до Северног мора није било силе која би се супротставила руском запоседању тог простора: таква није постојала на далеком истоку који је за Русију, опет, стекао статус попут Дивљег запада за Сједињене Државе – огроман нецивилизован простор без господара, заправо – обећана земља.

На самом почетку новог века може се, наравно, говорити о стабилним границама Русије (које су се, додуше, и у рату и у миру увек изнова мењале), али се питање територије са црквене стране сада поставља у другом смислу: мењањем граница, верници, који су до тада припадали руском православљу, доспели би у домен других црквених православних организација или би те области биле изузете из руске црквене јурисдикције а да ова за то не би добила компензацију. Територија руске православне цркве није, дакле, била идентична са територијом на којој су живели њени верници. Додуше, у таквим ситуацијама увек су се проналазила конкретна решења која су могла значити да одговарајуће области и верници који тамо живе за православну цркву буду изгубљени, да припадну некој другој православној цркви или да током времена опет дођу под јурисдикцију руске цркве. Са друге стране, појавила се такође свест о „изворној" припадности тог православног становишта руској православној цркви, што свој најбољи израз добија у модерном појму „канонска територија". Руска православна црква је 2000. године први пут утврдила границе ове територије. То је, наиме, област бившег Совјетског Савеза, без Грузије и Јерменије (где постоје тамошње православне цркве, премда јерменска црква као источно-православна, односно „Древноисточна црква", није у заједници са РПЦ). Ово везивање за канонску територију и импликације које из тога следе, што ће се такође видети, имаће велике последице за екуменске односе. Ваља такође подвући да се простор на коме живе православни верници руске цркве не поклапа увек са територијом на коју она претендује. Из тога је настао низ проблема који још ни до данас нису решени на задовољавајући начин.

2 ЕПОХЕ

Подела руске црквене историје на епохе, бар за рано раздобље, може се такође оријентисати према просторима на којима се она одвијала: за време христијанизације то је био Кијев, Кијевска кнежевина или Кијевска Русија. Овај неформални савез источнословенских племена, што није била држава у нововековном смислу, у другом миленијуму се, због напада азијатских племена (монголских, односно татарских), померао према северу, при чему, све до успона Москве, није постојао једнозначно одређен и стални главни град. Испочетка је прво седиште великих кнежева после Кијева био Владимир (североисточно од Москве), па тек онда Москва. Московска кнежевина развијала се и постала један од значајнијих политичких фактора у Источној Европи. Постојао је увек неки двоструки однос према остатку Европе. Са једне стране, постојала је свест о припадности истом континенту и о заједништву које се у одређеним периодима изражавало донекле и у династичким односима, али, са друге стране, и међусобно осећање отуђености, као и осећај да се поседује сопствени, посебан пут, који је веома снажно повезан са религијом. Православна црква није једина која је била убеђена да је само она истинска црква. А таква свест, већ и због просторне удаљености, водила је у изолацију. То је једним делом отежавало да се утицаји са стране примају брзо и дубље, док је другим својим делом стварало осећање како Руси нису део нација које припадају Европи. Показаће се да би расправа о односу Русије према Западу, за руску историју, као и за њену црквену историју, заправо требало да буде средишња тема.

У XVIII столећу цар Петар Велики покушао је да пробије ту изолацију отварањем Русије према Западу. Најјаснији знак ове тежње било је оснивање нове престонице коју је крстио именом свога заштитника и такође означио страним изразом, Санкт Петербург. У XVIII и XIX столећу из тог града се одређивала судбина цркве, при чему није било патријарха, него је постојао синод, који је водио цркву. У вези са Октобарском револуцијом 1917. поново је уведена функција патријарха и Москва је постала седиште вођства цркве као и престоница земље, што је остала до данас. Дакле, једна груба подела на епохе може се одредити према градовима из којих се управљало „Руском земљом", односно старом „Русијом": Кијев – Владимир – Москва – Санкт Петербург – Москва. Ова временска раздобља и главни догађаји у руској црквеној историји представљају критеријуме према којима је уређен следећи преглед историјског развоја руског православља.

2.1 Христијанизација

Северни, односно северозападни део данашње Украјине важи за првобитни завичај Словена, који су се приликом сеобе народа раселили у Средњу, Источну и Југоисточну Европу. Топоними показују да су ране области које су они запоседали биле веће него што су данас. Источни Словени остали су делом у области

Украјине, у области Дњепра, а делом су населили финске и балтичке пределе. Из њих је требало да се развију нације Руса, Украјинаца и Белоруса. Ипак, у IX и X столећу још није било подела на нације; Источни Словени живели су подељени на племена, без државних или преддржавних организационих форми. Област коју су насељавали називала се „Руска земља", баш као што су се и становници који су живели у тој области назвали „Руси"; порекло самог имена дуго је било нејасно и још увек је спорно, али је претпоставка да има везе са финском речи *ruotsi*, „веслачи" (ова реч до данас у финском језику значи „Швеђани"). Постоји веза између Скандинаваца и Источних Словена. Новија истраживања указују на генетичке маркере који су заједнички Скандинавцима и Словенима, а нису присутни код осталих Европљана. Чак и ако је вредност једног таквог сазнања спорна, историјске везе ипак постоје. То се показује отприлике од 700. године, када су нехришћански Нормани, познати као Варјаги, од Словена на северозападу данашње Русије захтевали данак. Ови потоњи касније су продирали даље на југ, увек рекама, да би низ Дњепар, како стоји у једној хроници, „тражили пут од Варјага до Грка"[2]. Негде пред крај IX столећа Кијев је постао њихов центар и тамо се називају „Руси". Варјагима се бар још неко време називао извесни горњи друштвени слој; то се може јасно препознати по личним именима у изворима. Ова кијевска „Русија" на различите начине предузимала је војне походе против Цариграда, а током X столећа више пута се помиње присуство хришћанства и постојање црквених грађевина у Кијеву. До обухватне и трајне христијанизације

---
[2] Повијест минулих љета или Несторов љетопис, Београд, 2003.

ипак је дошло тек 988. године, када се крстио кнез Владимир и затим заповедио својим поданицима да приме хришћанство. У позадини је био политички сукоб са Цариградом и његово решавање династичком везом између царског дома и кијевског кнеза, што, наравно, не би било могуће без покрштавања кнеза. Радило се, дакле, о христијанизацији „одозго". Касније ће се овај догађај често називати „крштење Русије". Сам чин колективног крштења свих становника Кијева у реци Дњепру (који није историјски доказаив), по наређењу кнеза, постао је касније важан мотив руског представљања у руској историографији.

Руску цркву је основао Цариград. Из царског града дошли су први епископи и свештеници и током више векова „Руска земља" била је под јурисдикцијом Цариграда. Тамо су потврђивани и митрополити; они су често били Грци који нису разумели словенски језик и тек се спремали да га науче. Кијев је био само митрополија зависна од патријаршије у Цариграду, којој су, опет, биле подређене домаће епархије. Последица прихватања вере из Цариграда била је да је Русија сачувала хришћанство у његовој источној, грчкој форми, а не у западној, латинској. Истина, у време „крштења Русије" још није постојао раскол између Рима и Цариграда, али обласне надлежности између Истока и Запада биле су јасно омеђене. Обе традиције међусобно се признају, али се разликују у читавом низу тачака. Једна од тих је била и на Истоку уобичајена употреба народног језика у литургији: текстови су превођени са грчког на старословенски, тако да се врло рано могла развити црквена књижевност на народном језику.

2.2 Кијевска Русија

Христијанизацијом одозго нова вера се врло брзо раширила. И поред тога остао је присутан феномен *двоверја* (руски назив за двоструку религију), преузимања појединих елемената раније вере у систем нове религије (пре свега у домену народних веровања). То је доводило до реакције заступника нове, сада званичне религије, али није могло да спречи да се *двоверје* задуго одржи.

Поред Кијева, у области у којој су живели Источни Словени, христијанизовани су и други градови, добивши епископе који нису, како је раније био обичај, били Грци, него етнички Словени. Ти градови често су имали различите облике уређења власти. Овде нарочито мора да се помене Новгород, који са својим већем (рус. *вече*) још од 1136. године није развијао монархистички облик владавине, него је имао чак неке ране демократске (или, пре, олигархијске) елементе. Градови су били главни центри племена, сваког посебно, и њима је по правилу владао кнез; положај великог кнеза је био везан за град Кијев. Пошто положај великог кнеза није прелазио са оца на сина, него на следећег млађег брата, увек је, ако су обојица претендовали на исто достојанство, изнова долазило до ратних сукоба између стричева и синоваца, као и између браће.

Једанаесто столеће, под великим кнезом Јарославом Мудрим, може се означити као време цветања Кијевске Русије. То се односи на политичку моћ, на ширење територије, али и на културна достигнућа државе.

Унутар саме цркве велики значај нагло је добило монаштво. Сам Јарослав основао је многе манастире. Средиште монашког живота у „Руској земљи" постала је кијевска Печерска лавра, а врло брзо су настали и бројни други манастири. Уз то, овде су стварана најважнија сведочанства староруске књижевности, посебно у летописној области. Најпознатији пример ове врсте је *Несторова хроника* из 1113. године, названа тако према свом наводном састављачу. Претпоставка за стварање црквене књижевности била је кодификација језика. Црквена књижевност је, осим литургијских текстова и летописа, врло брзо обухватила и житија, проповеди, као и – опет заслугом калуђера – *отачнике* (рус. патерики), тј. монашка житија из појединих манастира. Уз то, постојали су и преводи грчких аутора као и неки други родови. Питање да ли се овде ради о преузимању жанрова из византијске традиције или о новим аутохтоним творевинама исцрпно је расправљано; управо у совјетско време истраживачи су акценат стављали на то да се у „Руској земљи" веома рано развила оригинална књижевност.

Осим у стваралачком смислу, питање самосталности и оригиналности поставило се и у погледу црквене архитектуре у Кијевској Русији, која је, додуше под утицајем Византије, ипак развила сопствени стил. Црква свете Софије у Кијеву најимпресивније је сведочанство ране градитељске делатности. Вредно је истаћи развој у градњи купола; код руских цркава је и до данас карактеристична њихова бројност. Цркве су испрва подизане у византијском стилу: куполе изнад основе у облику крста; број стубова и потпорних пиластера сведен је на шест, а од XII столећа коначно на четири, што је такође постало карактеристично за староруске цркве.

Пред крај XII столећа територија „Руске земље" распала се; сам појам одржао се још дуго и означавао је различите области. Велики кнез Андреј 1169. године освојио је Кијев, дакле, наслеђивање престола више није текло регуларно. Сада је освајач захтевао само титулу кијевског великог кнеза, али је и даље боравио у свом престоном граду Владимиру, североисточно од Москве. Уследио је период када су кнежевине постигле већу независност од великих кнежева и када су настала три средишта: на југозападу: то су биле кнежевине чији главни град је био Галич, или Халич (укр. и рус. Галич, пољ. *Halicz*); ту се већ може запазити оријентација према Западу, који је и географски био близу. На северозападу је све важнији постајао Новгород који је тежио сопственој аутономији, а на североистоку је то био Владимир, при чему Москва, која се први пут помиње 1147. године, постепено све више добија на важности. Кнежевине више нису везане за племена, него за области и главна места.

Премештање центра власти на север, што је управо дошло са великим кнезом Андрејем, текло је постепено, или, прецизније: центар на североистоку је превагнуо (каснијим укључивањем Новгорода), док је центар на југозападу потпао под Литванију и Пољску, па је тако изашао из савеза кнежевина „Руске земље". Овакав развој догађаја имао је последице и по цркву. Митрополит је испочетка остао у Кијеву, али је 1299, када су Татари разорили његов резиденцијални град, прешао у Владимир, при чему и даље држећи титулу „кијевског митрополита". У самом Кијеву тада је установљена нова митрополија, која је током времена, после укидања и поновних оснивања, све више потпадала под западни, тј. пољски и литвански утицај. Питање легитимности оснивања ове митрополије, питање континуитета и питање шта је то „права" црква у Кијеву, коначно и данас је повод за разлике у мишљењима између Москве и Украјине у црквеном домену.

Треба нагласити да се „Руска земља" тога времена у многим погледима јасно разликује од западног средњег века. Зато се појам „средњи век" на њу не може применити без резерве; управо наведена периодизација показује колико много руски развој тече различито од западноевропског. Односи између владара и племства обликовани су другачије, а изостајање феудалне владавине (у смислу једног правно структурираног, корпоративног друштва), непосредно или посредно за последицу има да многих процеса, који су одлучујуће обликовали Запад, у Русији или није ни било или су текли другачије: везивање за сизерена и за одређени земљишни посед, сталеж, витештво, и најзад грађански слој. О непостојању друштва у Русији говори се све до XIX столећа[3].

Развитак у зависним руским кнежевинама, посебно у XIII столећу, био је под утицајем спољнополитичких дешавања источно и западно од Русије, наиме, освајањима која су предузела азијска племена Татари и Монголи, као и освајачким покушајима од стране Швеђана и Тевтонског реда. Остаје спорно у којој мери између ових догађаја постоји одређена веза, а то у руском гледању на Запад игра важну улогу.

Прво су „Руску земљу" од 1223. године угрожавала племена из азијских степа и до половине истог столећа оробили све важне градове са изузетком Новгорода. Ови су „Руском земљом" владали више од једног столећа. То време се и данас често у Русији назива „татарским јармом", премда се ова зависност ограничавала на обавезу плаћања данка и повременог учешћа у војној служби. Нови господари су своју резиденцију подигли у Сарају (на ушћу Волге у Каспијско море), дакле на самом рубу руске земље, где су примали посланике и поклисаре који су доносили данак.

---

[3] Тако код D. Geyer, „'Gesellschaft' als staatliche Veranstaltung. Sozialgeschichtliche Aspekte des russischen Behördenstaats im 18. Jahrhundert", *Jahrbücher für Geschichte Osteuropas* 14 (1966), стр. 21–50; прерађено у: *Wirtschaft und Gesellschaft im vorrevolutionären Rußland*, издавач D. Geyer, Köln 1975, стр. 20–52.

КИЈЕВСКА РУСИЈА

Одатле су у случају потребе предузимали ратне походе у сврху кажњавања или дисциплиновања, али у самој „Руској земљи" нису били трајно присутни ни војно ни административно. Некако у складу са овим, руским кнежевинама је током XIV столећа пошло за руком да се ове потчињености туђинима постепено ослободе; у томе је значајна била битка 1380. године на Куликовском пољу (на Дону) у којој је велики московски кнез Дмитриј (са надимком „Донски") први пут одлучно сломио татарску превласт. Формално, татарска власт се одржала још до 1476. године, када је укинуто плаћање данка.

Црква је остала значајно поштеђена у овим процесима. У верском погледу Татари су се показали релативно толерантним и православна црква према њима није била у обавези да плаћа данак. У Сарају је, штавише, било могуће успоставити сопствену епархију. Завојевач није систематски прогонио цркву и црквени живот није био у великој мери осујећен. Да ли се са оваквом ситуацијом може повезати јачање монаштва, уз значајну изградњу манастира, питање је на које се не може дати једнозначан одговор. У свему овоме битно је да је припадност православљу била важна разлика у односу на Татаре, на Швеђане и на витешке редове, и да је то била карактеристика на којој се темељио идентитет „Руса".

Спољнополитичка претња са запада првенствено се испољила кроз покушај Тевтонског реда да свој утицај прошири на исток и да христијанизује паганска балтичка племена. Истовремено са упадом Татара, витешки редови су запретили Новгороду, а нешто касније на град су кренули Швеђани и Литванци. Кнез Александар од Новгорода је 1240. године потукао Швеђане на реци Неви (отуда и надимак „Невски"), а витешку војску 1242. на залеђеном језеру Пејпус (рус. Чудско језеро) и тако зауставио њихово даље продирање.

Ови експанзионистички покушаји у руским очима оцењени су, с једне стране, као тежња западог хришћанства да источнословенске области учини зоном свог утицаја и да тамо православље учини безначајним, а са друге, као издаја хришћанске сабраће пошто се све то догађало када је „Руска земља" била угрожена из азијских степа. Уместо да угроженим истоверцима похитају у помоћ, „латини" су са своје стране покушали да из слабости руских кнежевина за себе извуку корист. Зато победа Александра Невског нема само војни него и симболичан значај, и на лик кнеза који је проглашен за свеца подсећа се увек онда када је Русија угрожена нападачима за Запада, све до Другог светског рата. Надирање католичанства и претензије папства заустављени су победама на бојном пољу и тако је православље остало владајућа вера и на западу Русије.

Када је Литванија 1385. примила хришћанство у његовом западном облику, та њена одлука означила је окретање католичком свету, пре свега Пољској. Упркос свим каснијим међусобним контактима, и премда је запосела Кијев, Литванија је за руску историју постала маргинална, као и кнежевине које су од ње зависиле и које су некада припадале Кијевској Русији. У тој констелацији била је важна начелна одлука Александра Невског да град Новгород, традиционално упућен на трговину са западном Европом и релативно независан, уведе у савез са осталим кнежевинама, а да се сам не везује савезом са Тевтонским редом против Татара, тако да је јединство преосталих староруских кнежевина остало очувано.

2.3 Од „Руске земље" до Велике московске кнежевине

Није сасвим јасно како се управо Москва од незнатних почетака могла развити све до центра кнежевине. За ово нема убедљивих, „неминовних" узрока. У сваком случају, будући испочетка сасвим безначајан провицијски град, прво је стекао извесно богатство, чему је свакако погодовао и положај на раскршћу водених и копнених путева. Московским кнежевима успело је да у своју државу укључе поједине друге кнежевине и да 1328. трајно стекну ранг великих кнежева. Те исте године и митрополит, који је већ неко време живео у Москви, из Владимира је ту и званично преместио своје седиште, при чему је тада, као и раније, носио титулу „митрополит кијевски". Московски велики кнежеви, захваљујући пореској политици Татара и сопственој способности, били су добростојећи, а због повољних околности нису их угрожавали други кнежеви. Победа Димитрија Донског над Татарима створила је услове за јачање града. Упркос повременим династичким спорењима и проблемима, истакнуто место Москве од раног XIV столећа међу кнежевинама више се није могло оспоравати.

Ипак, руска црква је још увек јурисдикцијски била зависна од Цариграда и митрополит је морао да буде потврђен или именован у царском граду. Поред тога, он је као и раније носио титулу „митрополит Кијева и целе Русије" што, наравно, више није одговарало стварности. У XV столећу Кијев је био литвански и тамошњи господари вишеструко су настојали да поставе свог митрополита.

Токови на нивоу светске историје побринули су се да руска црква постане независна од Цариграда: са растућом угроженошћу престонице Византијског царства од Османлија, расла је и спремност да се приступи црквеном уједињењу са Римом не би ли се на тај начин добила војна подршка од западноевропских држава. После дугих преговора, коначно је на сабору у Ферари-Фиренци 1439. закључена унија која је требало да успостави црквено јединство Истока и Запада. Унију је пре свега подржао византијски цар који је присуствовао преговорима, цариградски патријарх (који је умро за време сабора), као што су за њу гласали и скоро сви присутни епископи. По повратку у Цариград, они су покушали да наметну унију и поред растућег отпора народа. Ипак, војна помоћ са Запада је скоро сасвим изостала и 1453. године Османлије су освојиле град, што је био и крај Византијског царства које је трајало преко хиљаду година. Бранећи град погинуо је и сам цар; православна царевина више није постојала. Иако је у периоду између закључивања уније и разарања града на патријаршијском престолу било и пријатеља уније, као и њених противника, нови властодршци су од тада толерисали само патријархе који су били настројени против Рима.

Чак је и цариградски патријарх 1431. одбио да прихвати за митрополита кијевског једног кандидата који је у Москви тада био радо виђен на челу цркве, и на то место именовао је Грка Исидора, који је као пријатељ уније био на самом њеном прагу. По завршетку сабора Исидор је допутовао у Москву да објави уједињење цркава. Тамо није наишао ни на какво разумевање за тако нешто; у Москви, где је и раније постојала резерва према таквом подухвату, нису видели разлог због кога би требало да латинима изађу у сусрет. Када је Исидор на литургији поменуо име папе, то је изазвало толико незадовољство да је био ухапшен. Потом је морао да бежи и отишао је у Рим, где је 1463. умро као кардинал римске цркве.

Тиме је руско православље остало без поглавара, а није могло да измоли од Цариграда новог јер је тамошњи патријарх био наклоњен унији. Тада се велики кнез 1448. одлучио да за митрополита постави епископа Јону из Рјазана, којег је у своје време патријарх одбио. То је сада *de facto* значило да је руска црква независна; она је сама себи одређивала поглавара и није била обавезна цариградском патријарху. Она је, дакле, била аутокефална (грч. са сопственим поглаваром). Када је пет година касније Цариград пао, било је само питање формалности да Синод 1459. донесе одлуку о аутокефалности, а после још две године из титуле црквеног поглавара изостављен је додатак „Кијева", чиме је титула усаглашена са околностима; сада је гласила: „митрополит московски и целе Русије".

Положај Москве је овим само ојачан и тако је био положен темељ посебне самосвести Москве, Русије, а пре свега руског православља. То ће се касније показати тако што ће велики кнез постати цар, а митрополит патријарх. На унутрашњем плану, то је ће са собом носити изузетну историјску свест руског православља, свест о посебној, изабраној улози у историји спасења, а Русију и њену цркву обележити као последњи слободни православни бастион. Ово је као последицу имало да је московска Русија у многом погледу наступила као наследник Византије. Ту је спадало преузимање извесних елемената из византијског дворског протокола, али и брак великог кнеза Ивана III са синовицом последњег византијског цара. Идеја о Москви као Трећем Риму, са којом је требало да буде повезана свест о посебном послању, настала је у то време и има место у овом контексту, али није играла неку посебну улогу и на Западу се погрешно тумачила[4].

---
[4] У то време то су биле представе о Русији као „новом Израиљу", чиме је требало да се нагласи величина и значај земље.

Из савеза кнежевина сада је настала империја под неспорном владавином Москве. Остале кнежевине припојене су Москви у процесу које је касније означен као „сабирање руских земаља". Крајем XV столећа Новгород је као највећи конкурент силом натеран у тај савез држава. Истовремено је престала и обавеза давања данка Татарима, а први пут се појављује титула „цар" и „самодржац" (рус. *самодержец*, као превод грчког *аутократор*).

Ову фазу московског раздобља карактерише сусрет између старог, наслеђеног руског елемента и нових уплива и идеја, који пре свега долазе са Запада. Већ одбијање флорентинске уније био је знак изолованог положаја у коме се нашла руска црква. Једва да је било контаката са другим црквама, пре је било затварања према њима. Додуше, било је православних из Отоманске царевине који су увек посећивали Москву, као што су и руски монаси понекад посећивали Свету Гору. Ретки контакти са западним хришћанима нису имали трајних учинака, а по правилу су обе стране приликом тих сусрета испољавале узајамно неразумевање. Зато не треба да изненађује што је у XVII столећу једна реформа литургије која се заснивала на грчким изворима сматрана нелегитимном и што је довела до највећег црквеног раскола у руској цркви; у питању је такозвана „староверска шизма". Овде се јасно показала супротност између „руских" и „нових", која се често манифестовала и у политичкој и у црквеној историји Русије.

Све већа улога коју су у Русији имали манастири види се и по томе што је пред крај XV столећа једна трећина земљишта била у њиховом поседу. Тиме су они постали не само духовни, већ и привредни чинилац. То је кроз историју држави увек изнова пружало разлоге за грамзивост.

Међутим, у то време избијају сукоби између две струје унутар самог монаштва, које треба разумети полазећи од верских узрока. Расправа се кретала око питања да ли би манастири требало да поседују имовину. Било је све више калуђера који су увиђали да у богатим манастирима не могу да остваре идеал сиромаштва, па су предност давали испосницама. Монах Нил Сорски покушао је да стварањем пустињачких обитељи, што је помало подсећало на праксу старе цркве, повеже идеал сиромаштва са општежитијем. Његов идеолошки противник био је калуђер Јосиф из Волоколамска, који је инсистирао на томе да морају постојати богати манастири, наравно, уз строгу дисциплину и послушност према игуману. У овоме спору између „некористољубивих" и „јосифоваца", који се искомликовао још и појавом једне јеретичке групе, превладали су почетком XVI столећа Јосифове присталице, и то не баш уз одобравање владара који су страховали од богатих, моћних манастира. Такође, током руске црквене историје увек су били видљиви покушаји државе да посегне за црквеном имовином. Лојалност према држави била је цена коју је црква дуго плаћала зато што је имала манастире са великим поседом.

На преласку из XVI у XVII столеће у Русији је дошло до промене династије: до 1598. линија руских владара могла је да се прати у прошлост до Рјурика, „оца" једног варјашког племена. Сада је дошло до сукоба, који се означавао као „смутно време" и у коме је важну улогу имао Борис Годунов. У том раздобљу главни непријатељи са Запада, Швеђани, а пре свих Пољаци, довели су Русију у велику опасност и више пута опседали Москву, коју су Пољаци чак на неколико година и запоседи. Један од устанака, непосредно пред крај пољске окупације, водио је патријарх

Хермоген; дакле, у кризним ситуацијама и црква се осећала обавезном да преузме одговорност за државу. Тек је 1613. на чело земље изабрана династија Романова са царем Михаилом и на власти остала све до 1917. године. У хиљадугодишњој историји монархије у Русији постојале су само две династије и то је задивљујући континуитет у коме је промена власти била заиста редак догађај.

Догађаји из „смутних времена" важни су за руско схватање Запада пошто је ово – не без разлога – оцењено као још једно настојање католичког Запада да Русију помоћу силе и смицалица стави под своју контролу. Ближе разматрање тих дешавања показује да је такво становиште оправдано. Колико су те околности важне за националну свест јасно је и из чињенице да је 4. новембар – датум када је Кремљ ослобођен од Пољака – 2000. године проглашен за „Дан националног јединства", чиме је укинут и датум сећања на Октобарску револуцију. Тиме се национално сећање усредсредило на један догађај који обележава претњу са Запада и ослобађење сопственим снагама.

У „смутно време" одиграо се и један догађај важан за цркву: установљење патријаршије 1598. године, коју је прогласио цариградски патријарх приликом боравка у Москви. Четири до тада постојеће патријаршије, цариградска, александријска, антиохијска и јерусалимска, налазиле су се у Отоманској царевини и биле пре свега финансијски зависне од подршке из Москве и од православних кнежева из Молдавије и Влашке. Многи епископи долазили су у Русију с молбама за новчану помоћ јер је она била једина слободна православна земља. Када је патријарх цариградски, највиши по рангу, боравио у Москви, Борис Годунов убедио га је да московског митрополита именује за патријарха. Тиме је руска црква сада била на истој хијерархијској равни са поменутим православним црквама, чиме су успостављени исти односи као у Византијском царству: цар самодржац (аутократор) са аутокефалном црквом на чијем је челу био патријарх.

Напетост између „старих" и „нових" у XVII столећу постаје још видљивија. Конкретан повод био је покушај да се у време цара Алексеја литургијске књиге ревидирају према грчком оригиналу. Једноставно, нагомилале су се биле многе варијанте и преписивачке грешке, а штампа је сада омогућавала да се књиге коригују по једнопм узору. Под патријархом Никоном, средином истог столећа, дошло је до таквог једног подухвата, као што је и пре тога било сличних неодлучних покушаја. Али сада је дошло до жестоког отпора који је потицао од свештеника Авакума и његових присталица. Садржај ових реформи једва да је имао икакав теолошки значај; радило се пре свега о начину како се крсти, о начину писања имена „Исус", о смеру у коме се креће литија (од Сунца или према њему) и о томе колико се пута у литургији изговара „алилуја" (два или три пута). Литургијске процедуре биле су важне због идентитета; обредима се учвршћивала сопствена вера и мислило се да се њиховим мењањем наноси штета самој вери. Сматрало се да између испољавања вере и њеног садржаја постоји нераскидива веза. С друге стране, управо је начин како се неко крсти био чин којим је сваки поједини верник морао да испољава свој став; захтевало се, дакле, активно учествовање свих чланова цркве. Тако су ове реформе довеле до великог раскола у коме су се 1667. „староверци", или, тачније, „присташе старог обреда", отцепили од већинске цркве. Овај процес се одиграо по цену многих људских живота јер су држава и црква староверце оштро прогониле. Многи од њих радије су преузимали улогу мученика него да се прекрсте „наопако". У основи су били отпор према свему западњачком и исто тако према рђавом друштвеном стању. Сам Авакум је изопштен, више пута прогањан и на крају погубљен. И поред свега, староверци, који су се поцепали на многе групе, опстали су и до данас. Пространство Русије им је допуштало да пронађу прибежишта где неће бити узнемиравани, а њихов привредни значај, пре свега као трговаца, учинио је да држава буде све мање заинтересована да их масовно прогони. Дискриминација према њима укинута је тек након више векова.

Једна посредна последица сукоба са староверцима био је спор између цара и патријарха, када је патријарх био уклоњен. Један од његових претходника, патријарх Филарет, био је отац првог цара из породице Романових и имао велики утицај на политику. Никону, насупрот овоме, није пошло за руком да спроведе своје намере да патријарси имају предност над царевима. Управо обрнута ситуација – да је цар највиша инстанца у држави као, коначно, и у цркви – требало је у следећим столећима да одреди живот руског православља; црква је требало да се подреди државним интересима.

2.4 Реформе Петра Великог и раздобље Синода

Следећа велика епоха руске политичке и црквене историје повезана је са градом Санкт Петербургом. Цар Петар I („Велики") основао је овај град 1703, дао му латинско-немачко име симболичког набоја (изворно, порекло је у ствари латинско-холандско) и тиме ставио до знања шта му је намера: Русија треба да се оријентише према Западу, а држава и друштво да се организују према западноевропским узорима. То се показало у бројним појединостима организације државне управе, војске и јавног живота, али посебно у погледу православне цркве и односа према неправославним верским заједницама у Русији.

Као и све реформе и процеси ове врсте, тако и реформе које су назване по Петру нису дошле ненајављено. Управо је крајем XVII столећа, првенствено под царем Фјодором, било напора у правцу реформи. Ту посебно треба поменути утицај на Москву са југа земље: од 1667. један део Украјине (Украјина „са леве обале", тј. територија источно од Дњепра, али са градом Кијевом) припао је Русији. Тиме су из ових области, које су дуго припадале Пољацима, односно Литванцима, снажније почеле да се шире западне идеје у Москви, премда су их и раније православни теолози из Кијева преносили у Русију. Док су касније, под Петром I и након њега, западни утицаји у Русију долазили непосредно из западноевропских земаља, у овој припремној фази посредничку улогу имала је Украјина. У Кијеву је од 1632. постојао Collegium Kioviense, из кога је касније настала Духовна академија. Православље је у Украјини покушавало да се од католичанства брани побољшањем образовања и систематизацијом свог богословља, при чему је не тако ретко преузимало методе католичке теологије. Овде нарочито треба поменути Петра Могилу, који је у првој половини XVII столећа деловао као кијевски митрополит. Премда су православни теолози из Кијева често били у Москви сумњичени, јер се на контакте са католичком Пољском гледало са неповерењем, западно обојене идеје ипак су заобилазним путем из Кијева допирале до Русије, поготово тако што је читав низ православних теолога из Кијева своје образовање стицао у пољским институцијама или чак у Риму.

То је, дакле, било знамење под којим је Петар после извесних династичких спорења дошао 1669. на власт. Он се одмах подухватио бројних реформи државе. Спољнополитички, окренуо се Балтичком мору; у рату са Швеђанима освојио је област у којој ће потом настати Санкт Петербург, као и Балтик кроз који ће Русији обезбедити прилаз Балтичком мору. За кратко време успело му је да повећа и осигура руску територију. То је било могуће пошто је реформисао војску и изградио флоту. На унутрашњем плану, реформисана је управа, првенствено пореска политика која је сада постала ефикаснија и држави доносила вишак прихода неопходних за војне подухвате.

Обухватније су биле Петрове реформе у односу на цркву. Када је 1700. умро патријарх Адријан, цар је одмах осујетио избор новог патријарха. Патријархова канцеларија је била укинута, а митрополит Стефан Јаворски постављен је за управника службе. Јаворски је дошао из Украјине и био је наклоњен Петровим просветитељским идејама, за разлику од покојног патријарха и његових претходника који су поменуте новотарије посматрали са великом скепсом. Цару је било јасно да конзервативни високи кругови духовни лица, заједно са богатством манастира, представљају препреку његовој политици и зато се потрудио да неутралише и прво и друго: поново је установљена „манастирска канцеларија", заправо једно државно надлештво које је приходе са манастирских земљишних поседа усмеравало према држави, а потом је те исте црквене поседе требало да претвори у државне. Функција патријарха је укинута, а вођство цркве, после подужег периода када је патријаршијски трон био упражњен, пренето је на „Најсветији владајући синод", колективно тело састављено од епископа, у коме је био и један државни службеник, „оберпрокуратор", који је касније фактички дошао на његово чело. Овај синод је био део државне управе, црква је тиме била интегрисана у државу, а њена независност укинута. Теолошку основу ове мере чинила је једна уредба под називом „Духовни регуламент"[5], коју је 1721. саставио управник Кијевске академије, Теофан Прокопович. Овај свештеник, који је за време студија у Риму упознао западну теологију и преузео и неке протестантске принципе, сада је покушао да православну традицију примењивањем западне методике и начела усагласи са њеном стварношћу.

Држава је тако стекла апсолутну власт над црквом, тим пре што су се функцији оберпрокуратора давала све већа овлашћења. Сва преписка између епископа морала је да иде преко синода па се тако лако могла контролисати. Петар је такође наредио да синод треба да се помиње и у литургији.

Колико је Петар био под утицајем западних, пренствено протестантских модела у управљању црквом види се из многих детаља: увођење колективне управе у цркви; чињеница да су се немачки и латински термини прихватали као речи у руском језику (*регламент, оберпрокуратор*); усвајање јулијанског календара, који је у Русији заменио до тада уобичајено рачунање времена „од постанка света", а година је почињала од септембра. У основи су била просветитељска настојања према којима циљ државничког деловања треба да буде опште добро. Израз оваквог става

---

[5] Текст ове уредбе није преведен на савремени српски језик, али је у преводу на „народни језик" штампан у Блажу 1748 (упор. др Александар Младеновић, „Типови књижевног језика код Срба у другој половини XVIII и почетком XIX века", Реферати за VII међународни конгрес слависта у Варшави, Нови Сад, 1973) и А. Албин, „Народне језичке црте у *Регуламенту* од 1748. г.", *Зборник за филологију и лингвистику*, Нови Сад, Матица српска, 1971, књ. XIV/1, 61–77).

била је и реформа манастирā из 1722/24, која је ограничавала ступање у манастир и тражила да се ови концентришу на делатности које се сматрају практичним.

Идеја о општој добробити подразумевала је да црква треба да има и образовне задатке. То се мање односило на конкретно обазовање, а више на сарадњу у оном васпитавању становништва које је усмерено на заједницу, тј. на државу. Ту се рачунало оснивање духовних училишта у епархијама с циљем да се систематизује образовање свештенства и да се тако побољша образовни ниво свештенства. Пошто није било могућности да се тако брзо изгради обухватан општи систем школства, чинили су се покушаји да се на вернике утиче преко свештенства. Развила су се два модела, један по угледу на Московску академију, која је под Јаворским на одређени начин тежила латинизованом црквено-богословском образовању. Супротан модел био је Прокоповичев интернат у Санкт Петербургу, у коме су у првом плану били секуларни предмети.

Петар, додуше, јесте основао академију, али је богословија брзо стављена под контролу синода. Дошло је до одвајања научне теологије од других струка, јер се она учила у црквеним школским установама и манастирима. Није постојала *universitas litterarum*, која би укључивала теологију; први универзитет ионако је основан тек 1755. године. То је био процес који је имао тешке последице и који је водио ситуацији да су пре свега манастири били места у којима се стицало теолошко образовање. Научни теолошки рад је тако и даље био далекосежно изолован од других духовних токова у земљи. Није другачије било ни у Совјетском савезу. А и данас многи руски теолози првенствено су иза себе имали неко друго образовање; пре него што су се окренули теологији, били су природњаци или научници у области друштвених наука.

У настојања да религију користи примарно за опште добро треба урачунати и Петров став према староверцима и припадницима других религија. Староверци сада више нису прогањани нити протеривани, али су морали да плаћају знатно већи порез. Неправославни хришћани у Русији били су странци које је у земљу довео Петар I. Такође је и њиховим духовницима било омогућено да дођу у Русију. Али, толерисано је једино духовништво над сопственим верницима, никако и мисионарење.

Када је 1725. Петар I умро, иза себе је оставио једну државу сасвим другачију од оне коју је затекао. Било је то велесила која је у раздобљу од неколико деценија постала важан фактор европске равнотеже снага, на унутрашњем плану прожета просветитељским идејама, са црквом која је према таквим засадима била начелно скептична али једва да је имала икакве могућности да делује. Свака црквена активност наредних столећа мерила се општим добром, тј. добробити државе. Отуда не изненађује што Петар за конзервативне представнике цркве до данас у извесном смислу представља утеловљење Антихриста, који је Русију отворио према многим штетним и кварећим утицајима. На њега се такође гледа као на супротност цару Ивану IV („Грозном"), који је дистанцирањем од Запада државу покушао да гради на руским вредностима и традицији. Основна супротност „старих" и „нових" видљива је и овде, а она ни до данас није разрешена.

У XVIII столећу у начелу се наставило са просветитељским курсом који је започео Петар. До Катарине II („Катарине Велике", владала од 1762), мењали су се многе владарке и владари, који се данас различито оцењују, али нико није битније мењао тај правац. За време краткотрајне владавине Катарининог претходника Петра III дошло је до одузимања манастирских поседа и до њихових претварања у државне. Такође, престало се и са неповољним третманом неправославних верских заједница, као и са пореском дискриминацијом старовераца. За време Катарининог просвећеног апсолутизма странци су отворено позивани да се населе у Русију; руски Немци су опет постали колонисти који су некад раније позвани да се населе.

Овај изричити повратак просветитељству – премда увек изнова прекидан – који је за време Катарининог регентства достигао свој врхунац, још је више маргинализовао цркву у друштву. Она се подразумевала као саставни део Русије, али није била самостална институција која би деловала независно. Црква је била немоћна према мерама секуларизације, морала је да прихвати прилив неправославног становништва, против просветитељских идеја, које су биле модерне на двору, није могла ништа и у свим својим активностима била је зависна од оберпрокуратора, то ће рећи, у крајњој линији, од цара. Образовни ниво свештенства је подигнут као учинак мера које је увео Петар, а ипак једва да је било свештеничких активности према пастви које би ишле даље од тајнствених служби. Свештеничка служба – посебно на селу – била је често наследна и прелазила је са оца на сина. Међу свештеницима алкохолизам је био врло раширена појава.

И поред свега дошло је до извесног уважавања научне теологије, која је свој врхунац досегла тек у XIX столећу. То би могло да се објасни као последица оног развоја који цркви више није омогућавао друштвено деловање. Значајни резултати постигнути су првенствено на пољу историјских дисциплина које су се односиле не само на руску, него и на оријенталну црквену историју. Свакако да од средине XIX столећа треба забележити и успон философије религије.

Деветнаесто столеће је у Источној Европи доба надолазећег национализма и растуће националне свести. И за Русију је та тема од централног значаја. Крајем XIX столећа у Русији је било само 44% становништва који су били етнички Руси. Украјинци и Пољаци су са 18%, односно 6%, биле највеће неруске нације, укључујући још 12% Муслимана код којих су пропали скоро сви покушаји мисионарења.[6] И код ових, као и код других нација, расла је свест да их Русија као нацију угњетава. Православна црква сматрана је руском црквом као и организацијом која подржава репресију и одобрава русификацију. Чињеница је да су у Украјини за митрополите у Кијеву постављани само етнички Руси (док су при томе све до средине XVIII столећа епархије у Русији водили јерарси који су потицали из Украјине), и да се украјински национални покрет постепено из хабзбуршке Галиције проширио на источни део земље. У Грузији се православна црква, откако је Грузија 1811. потпала под Русију, суочила са потпуним покушајем русификације. Од 1817. за католикосе (титула поглавара грузијског православља) именовани су само Руси, а руски језик је био језик лутургије и наставе. Тек у совјетско време грузијска црква је опет могла да се служи сопственим језиком.

Руско православље било је у изузетно тешком положају када су у XX столећу пред њим били свакако најсилнији изазови у његовој историји: то је била огромна организације којој је припадала већина становништва, али без стварне моћи, скоро потпуно изолована од интелигенције и са хијерархијом без додира са верницима. Надолазећа индустријализација и модернизација која је

---
[6] Упор. A. Kappeler, *Rußland als Vielvölkerreich*, München 1992, стр. 323f.

са њом повезана поставила је пред земљу бројна питања, па тако и национално питање, а да црква није била у прилици да за те многоструке проблеме понуди решење или да барем у њиховом решавању учествује. Она је важила као део система и то са разлогом. Тесна веза цркве и државе које је институционализовао Петар Велики испољила је овде своје учинке.

2.5 Двадесето столеће

Ни револуције 1917. такође нису дошле потпуно неприпремљене. Управо је 1905. постојао покушај да се на политичкој равни систем покрене на уступке, али је на крају успех изостао. У цркви су се чули гласови који су пре свега захтевали поновно успостављање патријаршије; и то је такође било безуспешно. Многим епископима је било јасно да су реформе у црквеном домену биле безусловно нужне; неко кратко време је чак изгледало да ће цар допустити да се сазове помесни сабор да би се решило ово питање. Те 1917. Русија је била фактички република: у фебруарској револуцији цар је абдицирао, а власт је преузела „привремена влада". Ова је збрисана у Октобарској револуцији у којој су бољшевици (рус. большевики, „већинска партија") преузели контролу над главним градом, а убрзо и над целом земљом. Све се дешавало у атмосфери штрајкова, демонстрација и устанака, владе су се стално мењале, усред унутрашњих сукоба странака учесница и, на крају крајева, усред светског рата.

„Привремена влада", одмах после укидања царске власти, покушала је што је брже могла да спроведе демократске реформе. Националне мањине требало је да очувају своја права, а такође, поред православне цркве, и друге верске заједнице (управо 1905. укинута је већина дискриминишућих мера према националним мањинама). За православље је ово имало далекосежне последице: током лета 1917. парохије и свештенство добили су више аутономије у односу на епископе, који су на својој страни имали епархијски савет. Надзор над 37.000 верских школа преузело је министарство образовања, а слобода вероисповести утврђена је законски. Укинуто је место оберпрокуратора, а ново министарство вера гледало је на православну цркву као на аутономну корпорацију. Она је сада по први пут у својој историји била у прилици да сама уређује своје послове.

Црква је у таквој ситуацији одлучила да сазове помесни сабор, који је пре свега требало да одлучује о поновном успостављању патријаршије, али и о неопходним реформама. Са одобрењем владе, сабор је у Кремљу отпочео са радом 15. августа 1917. године. Пошто је током револуционарних превирања још 1905. захтеван један такав сабор (такође је обећан, али није и реализован), ваљало је вратити се ондашњим припремама. Сабор је могао да делује у до тада непознатој слободи. Од 564 учесника, међу којима су били сви епископи, већина су били мирјани. Епископи су имали могућност да одбију закључке сабора ако гласају појединачно. Тако је сачуван принцип православне еклисиологије према којем епископско достојанство чини основу цркве, али су учесници имали и права која су сезала још даље.

После дугих расправа, сабор је 4. новембра, практично истовремено са револуцијом, донео одлуку о поновном установљењу патријаршије. Помесни сабор је предвиђен као највиши урган управљања црквом. Патријарх је имао истакнуто место међу епископима, али је био одговоран сабору. Московски митрополит Тихон (Белавин) одређен је за првог патријарха и свечано устоличен 21. новембра. Тако је у руској црквеној историји окончано раздобље Синода.

У исто време почело је једно изузетно тешко раздобље у руској црквеној историји, прогони у време комунизма. Историјске околности нису допустиле да бројне одлуке сабора у бременитој будућности буду реализоване[7]. Ту спада пре свега спровођење синодалног начела на свим нивоима црквеног живота, рецимо оном који институционализује утицај мирјана и код избора епископа. У сабору је постојао моћан теолошки и црквенополтички потенцијал који је до сад једва био коришћен. Данас у руској цркви не постоји ни привид да се тако нешто жели искористити.

Репресивне мере нових моћника уследиле су врло брзо. Другог децембра подржављена је целокупна црквена земља, а неколико дана касније под државу су потпале и све школе. Двадесетог јануара 1918. објављен је познати „Декрет о слободи савести и о духовним и верским заједницама", чији је први одељак требало да гласи: „Религија је лична ствар сваког грађанина Руске Републике." Лењин га је руком заменио ставом: „Црква је одвојена од државе." Ова реченица изражавала је заправо оно у чему је вековима био највећи проблем руског православља. Али она тај проблем није решила, поготову што се нови властодршци тога нису ни држали, него су – на различите начине – цркву контролисали. Званично, начело одвојености

---

[7] Упор. пре свега: G.Schulz/G.-A. Schröder, *Bolschewistische Herrschaft und Orthodoxe Kirche in Rußland*, Münster 2005; Hyacinthe Destivelle, Le Concile de Moscou (1917–1918). La création des institutions conciliaires de l'Église orthodoxe russe, Paris 2006.

државе и цркве јесте остало принцип целокупне совјетске политике према цркви. Религија је само на папиру била приватна ствар, али је слобода религије заправо значила слободу *од* религије.

Овај декрет налагао је такође одвајање цркве и школе и забранио сваку верску наставу. Црквене заједнице су се сматрале приватним удружењима, која нису смела да поседују имовину нити су имала положај правног лица. Сва црквена здања прешла су у државну својину и стављена на располагање верницима. Из државних процедура избачене су верске церемоније. Матичне књиге је преузела држава. Овим одлучним мерама требало је да се елиминише укорењеност цркве у народу и да се укину раније компетенције цркве у државном домену.

Реакција цркве била је испрва изопштење бољшевика 19. јануара 1918: „Снагом коју нам је подарио Господ, забрањујемо вам приступ Светим тајнама Христовим и анатемишемо вас."[8] Јасно је да је то на нову власт оставило слаб утисак. Патријарх и сабор мислили су како је комунистичка влада само нека врста прелазног решења и полазили су од тога да ће се пре или касније успоставити једна легитимна власт. У насталом грађанском рату велики делови цркве су као противнике бољшевика подржали „беле". Тако је црква организовала масовне протесте верника према којима је режим на почетку, да не би изазвао скандал, био флексибилан. У јануару 1918, као први међу хиљадама мученика, стрељан је кијевски митрополит.

До систематског прогона цркве дошло је у раним двадесетим годинама. Спољашњи повод је било одбијање црквеног вођства да у сврху ублажавања глади допусти про-

---
[8] Из знамените Посланице новоизабраног патријарха од 18. јануара 1918. године.

давање посвећених литургијских предмета. Ове предмете је држава насилно конфисковала, а државна пропаганда била је појачана. Многи свештеници и епископи осуђени су и одведени у затвор или стрељани. Између 1917. и 1922. године на смрт је осуђено и погубљено 2.691 свештеник, 1.962 калуђера и 3.447 монахиња, а уз то су многи убијени и без пресуде (око 15.000).[9] Убијено је неколико десетина епископа. Затворено је преко 1.000 манастира. На острву Соловки у Белом мору подигнут је логор за духовна лица. А 1921. године синод је уместо 13 чланова имао само још двојицу. И сам патријарх Тихон стављен је у кућни затвор, а после исто тако затворен на годину дана.

Држава се такође трудила да цркву ослаби раздорима које је сама иницирала. Духовницима симпатизерима бољшевика, који су тражили дубље реформе, пре свега у погледу свештеничке дисциплине и у литургији, омогућено је да попуне упражњена места у вођству патријаршије. Ови „обновитељи", и поред све могуће државне подршке, нису стекли поверење верника. Један други раскол, на који није утицала влада, одиграо се у иностранству. Већина епископа, који су тамо доспели у вртлогу грађанског рата, основала је сопствени синод, који јесте у начелу признавао Тихона, али се у управљању црквом сматрао независним од Москве, све до краја Совјетског Савеза, када би и црква опет постала слободна.

Патријарх Тихон је 1923. објавио „Изјаву о покајању" у којој признаје како тада више није непријатељ Совјетског савеза. Њена аутентичност је спорна исто колико и тестамент објављен после његове смрти 1925. године. Очигледно је да је он покушао да са совјетским моћницима постигне известан споразум. После његове смрти није могао

---
[9] G.Stricker, *Religion in Rußland*, Gütersloh 1993, стр. 86.

да се одржи сабор који би бирао његовог наследника, а сваки од тројице управитеља патријаршијске службе, које је овај одредио у опоруци, били су брзо онемогућени да делују. Трећи од поменутих испоставио је листу назначених наследника, од којих је, опет, био на слободи и могао да преузме воћство цркве само трећи на списку, митрополит Сергије (Старогородски). Овај је са неким епископима основао „привремени синод" и 1927. објавио једно спорно саопштење у коме је изразио лојалност цркве према Совјетском Савезу.[10]

Ова изјава није ништа променила у погледу даљег све јачег прогањања цркве. Релативно либерелан став у области културе све до касних 20-их година, који је карактерисао рано раздобље Стаљиновог режима, није се проширио и на цркву. Када је попис становништва показао да још има много верника, борба против религије је појачана. „Покрет безбожника" и „борбени атеисти" отпочели су кампању за ликвидирање религије. Црквени празници су постали обични радни дани. Петогодишњим планом је 1929. одлучено да после његовог испуњења не треба више да постоји ниједан феномен религије. Обухватном контролом свих области живота становништва земље, требало је да се контролише и верско ангажовање. Оснивањем колхоза и совхоза становништво земље било је изгубљено за цркву. Црквено деловање сведено је на област богослужења. Радикално су ограничене и могућности верске наставе. Уз то су представници цркве присиљавани да јавно поричу сваки облик прогона. Ова последња мера пре свега је имала за циљ побољшање угледа бољшевичког режима у иностранству.

---

[10] Битна реченица његове Окружнице на Успење у Донском манастиру гласила је: „Хоћемо да будемо православни и да истовремено будемо свесни да је Совјетски Савез наша грађанска отаџбина, чије су радости и успеси и наше радости и успеси, а неуспеси и наши неуспеси."

Општи терор у другој половини 30-их година у истој мери је погађао цркву, и то како патријаршију, тако и „обновитеље". Жртве „чистки" нису били само интелигенција и војни врх, него скоро читаво духовништво. Године 1943. служила су само четири епископа, према 160 јерарха 1914. године. Сви манастири и образовне установе затворени су, црква није могла да издаје штампане ствари, а од више од 50.000 цркава у земљи коришћено је само 500. Православна црква у Русији фактички је била сасвим близу краја.

Црквено вођство, које је у могућностима свог деловања било екстремно ограничено, покушало је да са властима пронађе неки *modus vivendi*. И то се коначно показало немогућим. Такође, у цркви су постојале групе које нису одобравале овакав курс последњих преосталих јерарха и које су прешле у илегалу да би пружиле отпор режиму који су мрзеле, или бар да би изоловано могле да исповедају своју веру. Али једва да се може утврдити колики број људи је трпео овакве последице и колико су се времена ове групе могле одржати. Једино се зна да су овакве појаве постојале.

Ситуација се за цркву темељно променила са Другим светским ратом. После напада немачког Вермахта на Совјетски савез, митрополит Сергије је вернике хитно позвао на отпор. Тако је црква пред немачким нападом подржала државу која ју је скоро сасвим уништила. То показује колико је за православну цркву држава важна као завичај руске нације, без обзира на њено понашање према цркви. Ова подршка се конкретно испољила кроз организовање са циљем финансирања наоружања Црвене армије.

Држава је наградила ово понашање тако што се приближила цркви и учинила извесне уступке. На то су је, у сваком случају, наводиле и неке друге околности: у областима које су запосели Немци, цркве су поново отворене и успостављена је хијерархија, у неким местима је становништво поздравило окупатора као неког ко је донео верску слободу. За совјетско руководство сада се показало да су мере прогона биле контрапродуктивне. Стаљин је 1943. примио митрополита Сергија и још двојицу епископа и изјавио да је сагласан да се сазове помесни сабор. Овај сабор је после 18 година упражњеног места за патријарха изабрао Сергија, а после његове смрти, следеће године, могао је да се на наредном сабору одреди његов наследник.

Са крајем рата и совјетска политика према религији уређена је другачије. При министарском савету Совјетског Савеза основан је „Савет за питања руске православне цркве", касније „Савет за питања религије". Ова институција, која је имала своје испоставе и на нивоу република и области, била је заправо контролни инструмент, али за цркву и партнер за дијалог. Црква је могла поново да отвори понеке семинаре и да објављује један часопис. Почео је лагано да се развија црквени живот, а полако је растао број парохија и број свештеника. Верски живот је цветао нарочито у ранијим пољским областима које су били запосели Немци, а које су после рата припале територији Совјетског савеза. Због промењене политике према вери, цркве тамо нису одмах затворене, него су остале отворене, бар извесно време. Изузетак је била грко-католичка црква („унијатска") у западној Украјини која је од 1946. са свом својом имовином силом припојена православнј цркви.

Црква је сада имала нешто веће могућности деловања на унутрашњем плану. Насумично прогањање и терор су престали. Црква је могла да делује све док је поштовала уске границе које јој је поставила држава. Држава је сада против цркве поступала углавном административним мерама. Приступању Руске православне цркве Светском савету цркава 1961. године претходила је још 1948. оштра осуда овога светског тела: ни прво ни друго није могло да се догоди без знања и одобрења државе, али и једно и друго имало је своје заговорнике и у цркви. Увек начелно признајући прерогативе државе, по могућности да што је више могуће искористе слободан простор за цркву, неки епископи су били прави мајстори, док су други радије били уздржани и, предусретљиви у послушности, нису чинили ништа осим онога што би државне власти одобравале. Држава је, са своје стране, реаговала против грађана који би се „превише" црквено ангажовали (поготово ако би се ови позивали на слободу вероисповести и изазивали пажњу међународне јавности); у случају неомиљених свештеника и епископа прво се ишло са покушајима да се ови црквено казне. Совјетска тајна служба КГБ не само да је имала приступа међу црквеним људима, него је своје агенте убацивала и у сам врх цркве.

Када је под Никитом Хрушчовим 1956. почела такозвана дестаљинизација, то је довело до оштријег курса према цркви, што је свакако требало разумети као успостављање равнотеже. У периоду „отопљавања" (названим тако по једном чувеном роману из тог времена) затворене су многе парохије, а „прекомерно" активна воћства цркве стављена у стање мировања. Држава се сада више трудила да цркву користи за своје спољнополитичке интересе. Приликом екуменских сусрета са руским учесницима, на дневном реду су биле теме мира и разоружања. Ово се данас тумачи контроверзно; али ипак се претерује када се ова усредсређеност цркве на питања мира приписује само напорима КГБ.

Све до 80-их година уочљиве су појаве да су ретка и опрезна отварања у друштву пратила ограничена деловања цркве. Премда је држава цркву и даље озбиљно имала под својом контролом, увек је изнова долазило до иступа који нису ишли у корист државе, па је држава веровала да мора да предузима различите мере (на пример, у случају захтева за слободом исповедања вере које су истицали свештеници или мирјани, над којима је потом држава примењивала репресивне мере).

Трајна промена односа између цркве и државе уследила је тек у време перестројке. Јасан знак била је прослава 1000 година „крштења Русије" 1988. године. Црква је тим поводом у сарадњи са државним властима могла да организује свечаности, прихваћена је као озбиљан партнер у разговору, а државне уредбе од тада су престале да важе.

Крајем 1991. распао се Совјетски Савез и Руска Федерација је од тада његова највећа држава наследница. Руска православна црква је у јавности и пред политичким институцијама значајно ревалоризована. Она је битан фактор у држави и има велики значај у обликовању руског идентитета после престанка совјетског. То је било важно управо у једном периоду када су за многе људе вредности, до тада важне, изгубиле свој значај.

Оваква ситуација је свакако и проблематична. Пре свега, и после 1991. године радило се о истим личностима. Патријарх Пимен (Извеков), представник „времена стагнације", како се, не без разлога, означавала Брежњевљева ера, умро је 1990. и његов наследник Алексије II (Ридигер) могао је да преузме своју службу неоптерећен компромитујућим прекорима. Јер, постојали су и још увек су активни многи епископи који су свој црквени положај чували уз наклоност совјетских власти, и још увек су на тим положајима. Чак и да ови архијереји нису оптужени, овде се јавља извесна психолошка баријера за критичку расправу о улози цркве у совјетско време. Таквог суочавања у цркви до сада је било једнако мало колико и у домену државе и друштва уопште.

Један други проблем настаје и тиме што је слобода вероисповести сада остварена. За Русију то значи да у земљи не само да могу да делују друге цркве – тако је, на озлојеђеност руских православних хијерархијских структура, и римокатоличка црква тамо установила своје устројство – него да у Русији сада делују „секте" и новији религијски покрети. По правилу, ови до сада у својим напорима нису имали великог успеха, али су често трн у оку православној цркви, јер се то коси са представом о Русији као православној земљи. Пошто је на крају перестројке донесен један либерални закон о религији, 1997, свакако не без утицаја православне цркве, донет је један строжи закон, са више ограничења, који даје предност традиционалним верским заједницама, дакле, православљу, исламу, јеврејству и будизму.

Другачије вредновање улоге цркве у друштву, међутим, не значи да је она и пронашла своје место у њему. То се тиче и њених политичких опција (у пучевима из 1991. и 1993. јерарси цркве нашли су се и на једној и на другој страни), али се односи и на њено држање према људским правима и грађанским слободама. Јасно је исто тако да велико одобравање и признање које православна црква ужива у Русији не прати и велика религиозност. Многи људи цркву као институцију поштују, али им она „није потребна" у њиховом сопственом животу. Како ће се црква поставити у оваквој ситуацији, остаје да се види.

3 ХРИСТИЈАНИЗАЦИЈА И ШИРЕЊЕ

Ово поглавље бави се питањем како је хришћанство дошло у „Руску земљу" и како се ширило. Уз тему ширења иде и тема руске дијаспоре, пре свега у XX столећу, која има велики значај не само за православну црквену историју, него и за разумевање руског православља и за ширење руских теолошких идеја и начела на Западу.

„Крштење Русије" се одиграло, како се узима, 988. године. У прилог претпоставци да је заиста тако могу се навести добри разлози. Не постоји, међутим, око овога питања потпуна извесност. Фински историчар Корпела пише да се 988. узима за годину крштавања због тога што је руска царска влада одлучила да 1888. годину прослави као 900. годишњицу тог догађаја.[11] Чак ако и не бисмо делили ово мишљење, то ипак указује на један важан феномен: крштењу „Руса" тек је накнадно приписан значај који има данас. Овде, дакле, искрсава један начелан проблем на који треба укратко подсетити: свако виђење прошлости је особена конструкција, а никада „објективна" ре-конструкција нечега „како је стварно било". Ово је од посебне важности онда када се историјски догађаји користе да се оправдају неки посебни интереси или каснији догађаји. Сасвим је јасно да је христијанизација једног „народа" овде за то сасвим прикладна. И друге нације имају догађаје и личности

---

[11] J. Korpela, *Prince, Saint and Apostle*, Wīesbaden 2001, стр. 12.

на које се радо позивају. Историја није линеарни процес чији се резултат може непосредно сагледати у садашњости, него враћање на догађаје и токове који се доводе у везу и тумаче увек изнова. Њено тумачење је отуд увек спорно, нарочито у просторима и временима у којима су доминантни дисконтинуитети. Тако христијанизација „Руса" није била само неки нови почетак, него је имала и бројне елементе континуитета, и то почев од личности које су биле актери, од владара и оних којима су владали, а који су били исти, преко топографије па све до политичке констелације у којој је, свакако, новост била приближавање Византији. За људе и њихову свакидашњицу ту, наравно, није било неке разлике. Хришћанство је наступало постепено, а извештаје у летописима, које су састављали монаси заинтересовани да напредовање истинске вере представе што убедљивије, па говоре о брзим успесима – треба због тога читати са критичким опрезом.

Из примера покрштавања Руса може се видети како историјски искази често могу бити опасни по садашњост. То је јасно када се постави питање утицаја који су имали нормански Варјаги: која је била њихова улога у обликовању структура владавине код „Руса"? Јесу ли они били представници неког релативно танког слоја елите или је било већих миграција из Скандинавије према Кијеву? Како просуђивати тврдње у летописима да су „Руси" Варјаге позвали да у њиховој земљи успоставе ред пошто ови то нису могли сами? Јасно је да одговори на ова питања нису само тумачења тврдњи која се налазе у изворима, него да се са њима могу повезати и политичке намере. Ако, као у совјетско време, постоје идеолошке претпоставке разумевања историје, онда ће се у те изворе више учитати него што ће се из њих прочитати. У сваком историјском приказу мора се имати у виду овај херменеутички проблем. У овом контексту врло је разумљива шала совјетских историчара, која каже: „Тако је тешко предвиђати прошлост."

3.1 Рано хришћанство пре „крштења Руса"

Словенска племена се у историјским изворима јављају под различитим именима. Њихову изворну постојбину свакако треба тражити у области данашње северозападне Украјине. Током сеобе народа они су се поделили у области које су биле на западу, северу и југоистоку њихове прапостојбине. Овај процес се у извесној мери може пратити уз помоћ топонима, хидронима и кроз развој појединих словенских језика.

У византијским изворима Словени се помињу од VI столећа[12]. Ту, као и код неких касноантичких аутора, постоје различити називи као „Венети" (упор. немачки Wenden, Wendland), „Анти", „Склавини". Касније се у византијским списима као назив за северне суседе појављује име „Rhos". Пошто је простор Црног мора спадао у интересну сферу Цариграда, преко монаха, који су оснивали ските на његовој северној обали, свакако да је било додира са хришћанством, као, уосталом, и конфликата са Византијом. У једној латинској хроници име „Rhos" први пут се јавља 839, када се у неком византијском посланству у Ингелхајму (на Рајни) појављују становници „Руске земље". Цар Лудвиг Побожни истражио је њихово порекло и „утврдио [...] да ови долазе из народа Швеђана"[13]. У IX столећу

---

[12] Упор. G. Stökl, *Russische Geschichte*, Stuttgart (3) 1973, стр. 24.

[13] L. Müller, Die Taufe Rußlands, München 1987, стр. 19.

честе су дојаве о нападима „Руса" на грчке градове, а коначно 860, и на сам Цариград. За тамошње цареве то је био разлог да нешто предузму како би стабилизовали односе са северним суседима. Изгледа да је у то време и настао Кијев као центар „Руске земље". Јасно је, дакле, да су Варјаги, у трагању са воденим путем из Скандинавије до Црног мора, па тако и до Цариграда, у утврђеном Кијеву основали трговачко и војно средиште.

Становници те „Руске земље" обожавали су, свакако, природна божанства која су спадала у пантеон познат Словенима. У једном грчком сведочанству извештава се о извесној христијанизацији у IX столећу, која, међутим, није била трајна и која је можда угашена новим приливом Варјага. Прве поуздане информације потичу из X столећа. Године 944/945. помиње се у Кијеву једна црква. После смрти кнеза Ингвара (словенски: Игор), његова удовица Олга (Helga) преузела је регентство за малолетног сина Свјатослава – ово је словенско име без скандинавског еквивалента и знак да су у горњи слој продрли Словени. Олга се 954/955. крстила и приликом боравка у Цариграду покушала је да испослује за „Руску земљу" епископа. Имала је такође контакте са западним царем Отом I, али без видљивог успеха. После њене смрти ови почеци хришћанства у Кијеву поново су угасли. Свјатослав је био критичан према настојањима своје мајке и није је подржао; премда су почеци хришћанства у Кијеву пропали, они су остали у сећању, тако да су летописци за њих још знали.

3.2 Христијанизација

Свјатославов син Владимир, пошто је уклонио браћу, постао је 980. године самодржац. Њему је успело да значајно прошири своју власт. У лето 987. византијски цар Василије II молио је Владимира за војну помоћ: овај први је претрпео тежак пораз против Бугара а уз то је био и у сукобу са два супарничка цара. Као награду му је понудио за жену своју сестру Ану. Овом понудом могао је не само да осигура подршку „Руса", него и да успостави династичке везе, које, додуше, не би елиминисале походе против Цариграда, али би их свакако учиниле мање вероватним. У сваком случају, цар је кијевском кнезу као услов поставио покрштавање. Сестра, једна „порфирогенеткиња" која долази из царске палате у Цариграду, није могла да буде дата за жену неком паганину. Владимир је прихватио понуду, па 988. у Кијеву бива крштен и шаље војску која је успешно помогла цару. Истовремено, принцеза је допутовала у Кијев и постала његова жена. Истог лета 988. извештава се о масовном крштењу у реци Дњепар, што је представљало настојање да се брзо рашири нова вера. Уклоњене су статуе дотадашњих богова и у Кијеву саграђена црква од камена. Пошто су се ратни походи против обојице претендената на престо успешно окончали, у будућности се стабилизовала и власт византијског цара.

Толико о приказу догађаја онолико колико се они поуздано могу разумети. Лудолф Милер сажето их је изложио критички процењујући изворе и имајући у виду Анџеја Попеа[14]. Када се разматрају ови извештаји, постаје јасно да њихов приказ изгледа сасвим другачије. Најпознатији текст је сигурно такозвана *Несторова хроника*, по којој

---
[14] Исто.

Владимир шаље посланике код суседних народа да би се обавестио о њиховој вери. По повратку ови су известили следеће: „Када смо стигли код Бугара, угледасмо их како се клањају у храму, тј. џамији, тако што стоје без појаса, и како се који (вјерник) сагне, тако се тргне па звера тамо-амо као суманут и нема код њих радости, него само туге и великога задаха. Не ваља њихов закон. А онда смо стигли код Германа и гледали смо их у храмовима како служе многа молитвословља, али нигдје не видјесмо лепоту. Најпосле стигосмо код Грка па нас они поведоше тамо гдје они служе свом богу; нисмо знали да ли смо на небу или на земљи; јер нема на земљи таквога сјаја и такве љепоте..."[15]

Укупни контекст ове приповести у којој извештаји о исламу и о западном хришћанству испадају негативни, има карактер легенде. А *Несторов летопис* је дуго времена важила као аутентичан опис догађаја. Пажњу привлачи категорија „лепог" која има одлучујућу улогу у негативном суду о „немачком" (латинском) хришћанству, као и у позитивном вредновању веровања Грка. Један естетски, а не интелектуални критеријум говори да се овде ради и правој, истинској религији. Други елементи летописа, као што је успостављање родбинских веза са византијском царском кућом и хришћанство Владимирове бабе Олге, о чему се у тексту говори касније, имају историјску подлогу. Аутор извештаја у хроници, која је настала на прекретници XI и XII столећа, са овим својим приказом повезује настојање да христијанизацију „Руса" прикаже као свесну одлуку да се изабере најбоља вера, пошто су претходно одмерене све друге могућности.

Постоји и читав низ других приказа о томе како је текло прихватање хришћанства у Кијеву, од *Легенде о Андреју*, према којој је овај апостол још у I столећу про-

---

[15] Повијест минулих љета или Несторов љетопис, Београд, 2003.

поведао јеванђеље на месту где ће једног дана нићи Кијев, па до једног арапског приказа из прве половине XI столећа, у коме је историјски процес ових догађаја описан оскудно, али тачно.

Оно што се може видети из критичке анализе поменутих приказа јесте растући значај „Руса", који се очитовао у трговинским везама али и у ратним сукобима, па је обострано постојала потреба да „Руси" нађу своје место у систему сила у том региону. Ту је нужно спадало и опредељивање за једну од постојећих доминантних религија. Источно хришћанство било је блиско из географских разлога, али реалне могућности су биле и ислам и – са неким ограничењима – латинско хришћанство. Пошто су ранији покушаји христијанизације – који су ишли увек преко владајућих слојева – били безуспешни, пред крај X столећа поклопиле су се невоље византијског императора и политичке амбиције кнеза Владимира. Није постојала историјска нужност да се Владимир баш мора одлучити за тако нешто, али услови су били повољни. „Време за историјску одлуку коју је он донео сазрело је, и зато је она била трајна."[16]

Није тешко разумети да је Владимирова улога накнадно увећана и да је приказана позитивно. У ствари, овај позитивни начин гледања важи само делимично. Ипак је била реч о братоубици и прогонитељу хришћана који је хришћанство примио из политичких интереса, а не због тога што је био убеђен у метафизичку исправност хришћанске вере. У сваком случају, у изворима је видљива намера да се процес христијанизације и његов покретач представе у што је могуће бољем светлу, а осим тога, у време када летопис настаје, и даље је на власти Владимирова династија. Уздржаност у описивању његових мана и

---

[16] L. Müller, *Die Taufe Rußlands*, München 1987, 115.

грешака била је разумљива. Похвала митрополита Илариона великом кнезу око 1050, одлучујућа за његово проглашење за свеца у XIII столећу, то лепо показује[17].

Саставни део логике увођења „Руса" у заједницу (источно)хришћанских народа било је успостављање црквеног уређења, које је потом, уз помоћ из Цариграда, било и успешно спроведено. Кијевска црква је остала зависна од Цариграда; она се тамо водила као митрополија на 60. месту канонског редоследа. Први историјски потврђен митрополит је Теопомпт који се помиње 1039. године. Ову јурисдикцијску нејасноћу из тих првих деценија католички аутори користили су као повод да конструишу зависност руске цркве од Рима. Ова тврдња је ипак потпуно неубедљива и једва да је данас ико озбиљно узима у обзир. У сваком случају, сам овај детаљ показује колики је значај центар западног хришћанства придавао новом фактору моћи на Истоку. У контексту ових чињеница треба сагледати и врло ране интересе папа да подрже контакте са „Руском земљом", а посебно односе са југозападним кнежевинама (Халич). Продирање Тевтонског реда два века касније треба сматрати не мање важним покушајем западне цркве да „Руску земљу" урачунају у сопствену сферу утицаја. Ако би се одржала теза о изворној припадности Кијева Риму, онда би то био још један аргумент да Русија „заправо" треба да буде католичка. И у овоме се може препознати проблем који се јавља када се историјским аргументима изводе закључци о садашњости.

Против тесних веза са Римом стоји и раскол из 1054. године. Овај је пре свега у свету источног хришћанства имао незнатне конкретне последице. Тек током следе-

---

[17] Иларион, митрополит кијевски, *Слово о закону и благодати*, у „Источник" (1993) год. 2, бр. 6, стр. 40–50 (прев. с руског Татјана Суботин-Голубовић).

ћих деценија, ако не и векова, ово раздвајање је постало стварност. Ипак је црква из Кијева од Цариграда преузела и резерве према латинском хришћанству, резерве које су тамо постојале и пре 1054. године.

Јурисдикцијска зависност од Грчке за последицу је имала да је Кијев оданде примио и многе друге утицаје. Црквена и теолошка литература превођена је са грчког и то, осим јеванђеља, посебно литургијске књиге које су биле неопходне јер се литургија славила на словенском језику. Поред овога, настала је и сопствена књижевност а – изузев поменутих летописа и хомилија, нарочито житија – и црквено-правне одредбе. У совјетским истраживањима увек је истицана особеност староруске књижевности. У сваком случају треба рећи да је ова дуго била у грчкој традицији коју је примила и продуктивно прерадила. Слично се може рећи и за градњу цркава која је у почетку била под грчким утицајем, али је потом развила сопствене елементе. Прва црква је завршена 996. и била је посвећена Богородици. Софијина црква у Кијеву настала је 1037. као градска катедрала по угледу на Свету Софију у Цариграду, али такође и као израз самосвести о сопственом значају, која је владала у „Руској земљи".

Могућа је претпоставка да се христијанизација прво ограничавала на двор, на град као и на остале градске центре и да се по земљи, насупрот овоме, ширила тек поступно. Двострука религија, *двоверје*, биће дуго записивана као проблем. У летописима се на много места помињу бунџије и јогунасти пагански свештеници. До становника „Руске земље" христијанизација је допирала тек корак по корак. Свакако да руска реч за „сељака", *крестјанин*, значи да су се староседелачки земљорадници с временом почели сматрати хришћанима, сигурно насупрот нехришћанским, највише муслиманским становницима степа.

3.3 Премештање на север

Од XII столећа настали су многи центри моћи (Халич на југозападу, Новгород на северозападу, Владимир/Москва на северу), од којих је Халич с временом иступио из заједнице „руских" кнежевина и прикључио се западним државама, Пољској и Литванији. Оба северна центра уједнила су се под превлашћу Москве, и некада толико значајни Новгород изгубио је на важности. Кијев више није припадао „старој" „Руској земљи", иако су се украјинске, пољско-литванске области и даље називале „Руском земљом". „Стара" „Руска земља" преместила се са југа на север.

Тумачења овог процеса је у истраживањима врло спорно. Нарочито зато што постоји једна руска интерпретација и друга, њој дијаметрално супротна, украјинска. Према руском становишту, радило се о *translatio imperii*, о премештању тежишта „Руске земље" из Кијева на север, у Владимир и, коначно, у Москву. Према овом схватању, постоји директни континуитет између Кијева из IX и Москве XIII столећа. У украјинским разматрањима континуитет постоји само у случају Кијева. Процеси који су се од XII столећа одиграли на северу, јесу независне, сопствене државне творевине које се, истина, делом позивају на Кијев, али са овим немају ничег заједничког. Историја Кијевске Русије наставља се у Кијеву и вековима се одвија под пољском и литванском доминацијом. Ова спорна питања представљају и дан-данас основ многих неспоразума између Русије и Украјине.

И за једну и за другу позицију могу се навести добри аргументи. На северу постоје имена места која су узета са југа, што говори у корист премештања па тиме и континуитета, дакле, у корист трансфера власти. Данас се сматра утврђеним да је првенствено дошло до префигурације угро-финских племена која су била насељена на северу, а не о масовним миграцијама. Када је кнез Владимира Јуриј коначно 1155. постао велики кнез Кијева, његов син који је наследио титулу остао је са резиденцијом у Владимиру, што показује колико је важна била претензија господара северних градова да буду велики кнежеви „кијевски", независно од њихове актуелне резиденције. И митрополити су носили кијевску титулу, што говори у прилог *translatio imperii*. Што је једна чудотворна икона, изгледа, потврдила одлуку да се напусти Кијев само је савршено допунило митрополитов план, премда је сагласност васељенског патријарха изостала.

Историја града Кијева и даље је ишла својим путем, чак и после монголског разарања 1240. године. Тамо су такође дуго имали седиште православни метрополити, тако да су на кијевску титулу претендовала два епископа, један који је стварно имао резиденцију у Кијеву и други који је био у Владимиру. Црквено деловање православља у Кијеву до XVII столећа скоро је сасвим престало. Али гледајући из украјинске перспективе, могао би се извести и историјски континуитет Кијева у коме одлучујући фактор није Русија, него Пољска и Литванија. Овде централну улогу има Унија из Бреста 1595/96, када је део православне цркве у Пољско-литванској краљевини закључио црквену заједницу са Римом. Када је у Кијеву 1620. поново постављен православни митрополит, који је био у заједници са московском црквом, појавиле су се две православне црквене заједнице које су се могле позивати на континуитет са Кијевом: у Кијеву и у Москви, која је своје корене исто видела у Кијеву. У сваком случају, град Кијев је 1667. потпао под Русију, па је тако тамошња црква коначно постала епархија у оквиру руске цркве.

Појављивањем националне свести у модерном смислу, дакле у XIX столећу, појавила су се и два конкурентна захтева за континуитет са Кијевом који су и данас супротстављени. То не говори ништа, начелно гледајући, против становишта да су се из кијевских хришћанских почетака током X столећа кроз историју развиле две традиције које и данас постоје. Проблем се јавља једино када се на порекло гледа ексклузивистички и када се из тога изводе одређене претензије. А пошто ова књига садржи историју руског православља, она не би могла исцрпно да улази у другу, кијевску традицију.

То двострано претендовање на кијевску традицију увек изнова води конфликтима и спорењима. Тако је украјинска емиграција 1988. прославила 1000 година крштења Украјине или „руске" Украјине. Али исте те године у једном зборнику[18] који је издао УНЕСКО, говори се о христијанизацији „of ancient Russia", премда је у прилозима увек реч о „Руској земљи". У Совјетском савезу тим поводом централна свечаност није се одржала у Кијеву, него у Москви. Све то говори да на „рускост" као на сопствену нацију претендују и Руси и Украјинци. Треба рећи и то да се модерни појмови државе и нације не могу применити на X столеће. У Кијеву нису крштени ни „Украјинци" ни „Руси", него становници града, Словени из „Руске земље", поданици кнеза Владимира. Град Кијев тада, а баш тако стоји у једном украјинском издању поводом прославе 1000 година, није био „главни град Украјине"[19], него центар власти израстао на Дњепру, чији је значај опао, а касније се опет повећао.

---

[18] *The Christianization of Ancient Russia. A Millennium: 988/1988*, изд. Y. Hamant, Paris, 1922.

[19] *Harvard Ukrainian Studies* 12/13, Cambridge/Mass, 1988/89, стр. 2, где О. Прицак у предговору каже: „One thousand years ago [...] the kagan of Rus' [...] decreed in Kiev, the capital of the Ukraine..."

Померање центра моћи на север био је узрокован навалом Монгола и губитком Кијева. Тиме су на значају добила и многа друга места, што је било од важности и у црквеном погледу. Пошто је земља већ била хришћанска, овај развој за цркву није био спектакуларан и са црквене стране се може само условно говорити о ширењу. Међутим, премештање седишта митрополита јесте важније за тумачење ових догађаја.

Процес „окупљања руских земаља" који је у Москви почео у XIV столећу, имао је и подршку цркве. Митрополит Петар је подржао московске велике кнежеве против ривалског града Твера. Године 1325. митрополит је своје седиште коначно преместио у Москву. Велики кнез Иван Калита (назван „Буђелар", јер је сакупљао данак за „златну хорду", како су звали Монголско царство) успон Москве обезбедио је припајањем мањих кнежевина као и легитимацијом коју је стекао премештањем седишта митрополије. Последица је била већа зависност митрополита од великих кнежева. Симболички, то се може препознати и на црквеним грађевинама у Москви: митрополитска Успенска црква, са гробницама великих кнежева, и Саборна црква Светих Арханђела немају само верски значај, него и значај политичке поруке. У титули поглавара цркве то се види по томе што је звање „митрополита кијевског" допуњено додатком „и целе Русије".

3.4 Мисионарско деловање руске цркве

„Сабирање руских земаља" подразумева у ужем смислу припајање кнежевина и концентрацију власти у Москви, али у ширем значењу може да значи и процес запоседања територија у северним и источним областима. Процес има различите основе и одвијао се у различитим формама: то је простор за искоришћавање земљишта, при чему се крче шуме, та земља се брзо искористи па се прелази на следећу област; потом, значи одлазак монаха који, трагајући за усамљеношћу, продиру све даље у непознату дивљину, као и активно, свесно мисионарење међу нехришћанским народима. Прва форма значајна је за цркву само утолико што се хришћанство тако све даље помера од насељених центара и од тада познатих области. Код друге две форме црквени значај сасвим је јасан.

Овде је од значаја оно припајање територија коме су допринели монаси. Зато се ваља вратити на представу како се „свет" мора напустити и утолико то подсећа на почетке хришћанског монаштва у Египту, Палестини и Сирији. У Русији је тај процес приметан тако што градски манастири све више бивају замењени пустињама. Монаси би се сами или са ученицима повлачили у усамљеност у некој шуми, подизали би ћелију или капелу и тамо живели сами себи довољни. С временом би на тим местима настајали нови манастири, јер су пустиње постајале познате па су привлачиле младе монахе, који су желели да буду ученици пустињака. Око манастира су потом настајале насебине па се сада исти процес понављао; поједини монаси желели су да живе усамљенички и одлазили би даље где би основали нову насеобину. Овај процес, који је јасно описан изразом „богомољци, браћа, ратари"[20], имао је за последицу да су првенствено у областима северно од горње Волге читави предели били култивисани. То се види и по томе што је постојао, а и данас тамо постоји читав низ манастира који су један од другог удаљени по дан јахања. Од 1429. до 1436.

---

[20] K. Onasch, Grundzüge der Russischen Kirchengeschichte, Göttingen 1967, M 34.

изграђен је на једном острву у Белом мору, на крајњем северу земље, чувени Соловецки манастир, који је касније стекао велико богатство.

У позадини ових токова треба уочити личности „стараца", мудрих монаха који су имали улогу узора и на које ћемо се још враћати. Као и увек у историји монаштва, и овде треба обратити пажњу на чињеницу да тако настали манастири с временом постају све већи и све богатији, па се увек изнова постављало питање почетних принципа. Осим тога, манастири су због своје економске снаге представљали претњу за велике кнежеве. Последице су биле њихова упорна настојања да контролишу црквену имовину, што је заправо значило контролу манастирског поседа.

Поред ове манастирске колонизације, постојале су свесне и систематске мисије с циљем проповедања јеванђеља нехришћанским народима и ширења хришћанства. Не увек нужно, али пошто је често било повезано са поробљавањем тог простора од стране руске државе, неретко се христијанизација спроводила насилно. На томе су се посебно заснивале мисије изван граница царевине, пре свега на азијским просторима – Кина од 1700, Јапан од 1870, Кореја од 1897. године.

Један од првих руских мисионара био је епископ Стефан из Перма (умро 1396), који је успешно мисионарио међу Сирјенима, једној угрофинској групи племена на северу земље (данас Коми). Научио је њихов језик, створио им властиту азбуку и на сирјенски језик превео бројна дела и списе. Извештаји из потоњих векова, како за овај тако и за већину других мисионарских подухвата, казују, међутим, да ови нису били трајног карактера. Увек је долазило до притужби на ре-конверзију, повратак старој вери (што је посебно важило за муслимане), а и они који су остајали православни извештавали су да су се паганска празноверја и претхришћански обреди одржавали још вековима.

Мисија је посебно систематски спровођена према Истоку. На Сибир се већ рано, од XV столећа, гледало као на простор који треба освојити и христијанизовати. Освајање Сибира одвијало се делом војно, али чешће преко трговаца који су оданде доносили крзна и племените метале. Њих су пратили мисионари који су се задржавали у настајућим утврђеним местима. Свештеници су се бринули за душе Руса, који су сада живели у Сибиру, и мисионарили међу „паганима", који су већином били следбеници шаманизма или анимизма.

Руска црква је већ у XVIII столећу у Сибиру основала епархије, после чега је надлежна за цео тај простор била Епархија тоболска и сибирска, установљена 1620. године. Филотеј из Тоболска предузео је мисионарска путовања у Кину и до своје смрти, 1727. године, изградио укупно 27 цркава. Мисионари су велику пажњу посвећивали превођењу најважнијих хришћанских књига на тамошње језике. Зато је било неопходно посветити се студијама језика; тако су многи језици добили своју прву граматику и прво писмо. Касније су нови мисионари знања о азијским језицима стицали првенствено на Казанској академији. Од XVIII столећа у Сибиру су оснивање мисионарске станице, тако да мисионари нису били тамо само повремено, приликом трговачких путовања, него су били стално присутни у региону.

Велики и важан корак предузет је 1793. са мисијом на Аљасци. „Апостол Аљаске", монах Герман, био је тамо активан све до своје смрти, 1837. године. Године 1840. била је установљена епархија за полуострво Камчатка која је била надлежна и за Америку. Мисија је прешла преко руске Аљаске и преко америчке западне пустиње на југ све до Калифорније, где и данас постоје поједине руске цркве из тог времена. Прва црквена присутност руског православља у Америци није, дакле, последица миграције (која је ишла преко Западне Европе према америчкој источној обали), него резултат мисионарења са севера. Године 1870. основана је и епархија и врло брзо премештена у Сан Франциско. Ови мисионарски напори постепено су престали тек када је Америка 1867. купила Аљаску, а Сан Франциско био превише удаљен од области које су мисије већ покривале. Када се у Америци повећао број руских усељеника, седиште епископа је 1905. пресељено у Њујорк. „Православна црква Америке", која постоји и данас, и коју нису канонски признале све православне цркве, резултат је, дакле, поменутих мисионарских настојања.

Алеутски епископ Инокентије (Попов-Венијаминов), као московски митрополит, 1870. године основао је руско мисионарско друштво. Из источне Азије православни мисионари допрли су и до Јапана, где је – слављен као отац јапанског православља – потоњи епископ Николај (Касаткин), тада млади монах при конзуларној цркви у Хокаиду, касније, кроз организовано мисионарско деловање, положио темеље данашње јапанске православне цркве. Он је 1880. постао епископ, 1906. архиепископ и зарана се потрудио о ширењу православља у Јапану. Јапанској православној цркви руска православна црква је 1970. дала аутокефалност, коју друге православне цркве нису признале.

Коначно, поменимо и мисионарско деловање међу члановима асирске цркве у Персијској царевини, од којих се једна већа група 1898. године прикључила руској цркви.

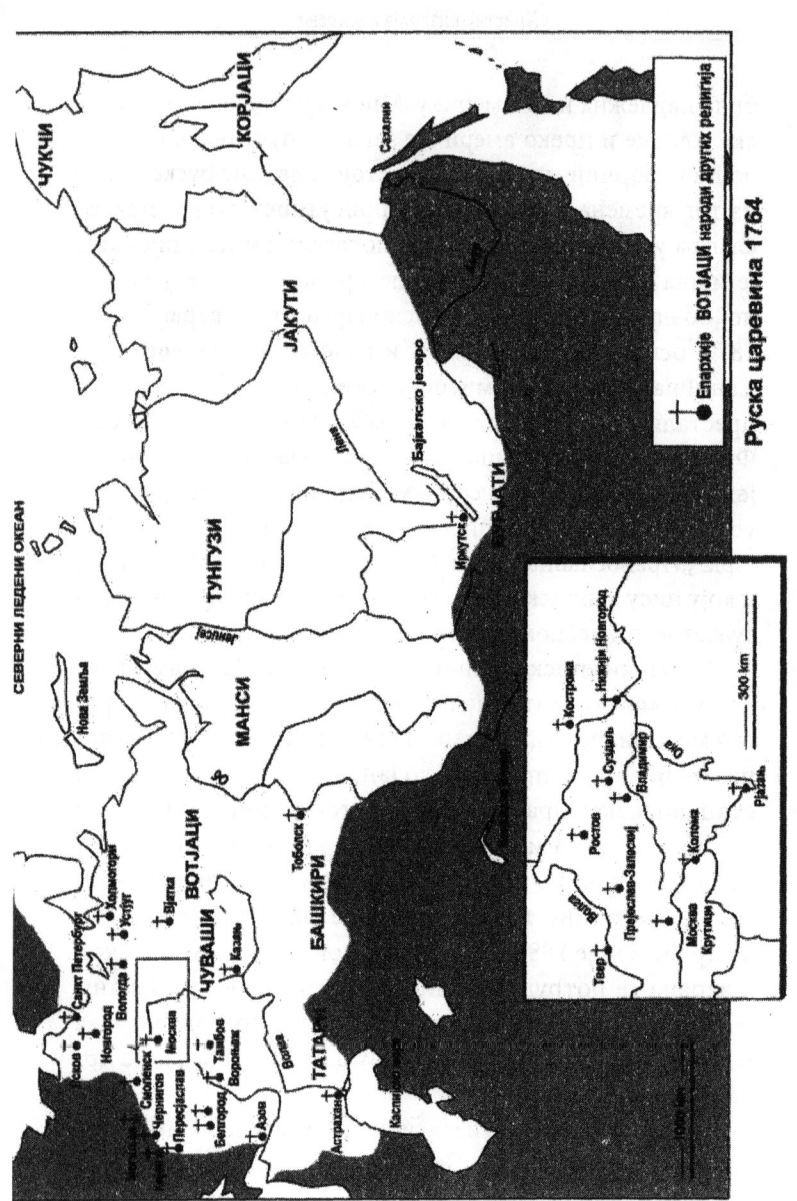

Мисије у иностранству посредан су резултат руских освајања Далеког истока и треба их посматрати у вези са експанзијом Руске царевине. Другачије је ствар стајала са муслиманима, који су од XVI столећа (од освајања Казана) у релевантном броју живели у Русији. Руска држава је муслимане на југу и југоистоку, претежно турског порекла, покушала да преведе у хришћанство материјалним стимулисањем. Покрштени муслимани би три године били ослобођени главарине, добијали су готовину и били поштеђени регрутације. Било је свакако у немалом броју и насилног покрштавања. Каткад је било и административних мера као што је забрана грађења џамија. И поред тога, мисионарски резултати међу муслиманима били су слаби. Многи од њих враћали су се исламу. Толеранција која се манифестовала под Катарином II и касније, а после 1905. и у законодавству, још више је отежавала православној цркви постизање мисионарских циљева међу муслиманима. Код Јевреја, који су после освајања у XVII и XVIII столећу живели у западним деловима земље, једва да је било мисионарских покушаја. Јевреји су били дискриминисани различитим мерама, посебно забраном насељавања. Индивидуално покрштавање се прихватало, али није било организованих мисија међу јеврејским становништвом. Такође, ни припадници црква које су ступиле у унију са Римом у овим областима, а после забране њихових цркава од стране власти, нису присиљавани да пређу у православље, него у римокатоличку цркву.

Мисионарско деловање руског православља тиме је у великој мери било условљено експанзијом Московске кнежевине, а касније Руске царевине. Мисија се односила на „паганство", дакле, пре свега, на припаднике традиционалних религија. Интензитет мисионарења снажно је зависио од политичких прилика. Царска влада је по правилу забрањивала мисионарско деловање других хришћанских цркава, поготово језуита или моравске браће. Обраћање у хришћанство увек је значило обраћање у православље.

Такође је са мисионарењем била повезана русификација. За то је често било потребно увођење старог црквенословенског језика као литургијског (при чему је често био кршен принцип православља да се литургија служи на матерњем језику). Додуше, превођењем важних списа на дотичне језике омогућено је настајање, тј. кодификовање тих језика, а постојали су и прописи да пре крштења, исповедање вере и други главни хришћански текстови морају да буду преведени на одговарајући језик. Ипак, руски језик је често имао превагу што, опет, има везе са чињеницом да је он у Руској царевини био језик управе и *lingua franca* (а и данас је то неретко у државама наследницама Совјетског савеза). Мисионарско деловање, дакле, није било само верски процес, него и културни. И поред бројних наредби да се морају поштовати обичаји обраћених племена, код потомака покрштених до данас је остала само свест о припадности одређеној нацији, која иначе нема никакве форме изражавања. И управо је совјетски режим бринуо да омогући не само класну правоверност, него да се народима који су тлачени у време царевине обезбеди слобода да се унапреде језици оних који су имали своје републике или су били националне мањине. Пример русификације грузијског православља ипак показује колико је често прихватање православља повезано са усвајањем главних елемената руске културе.

Последњих година у неким случајевима уочена је нужност да се развија једна теологија мисионарења за садашње време. Овде је дошло до промене перспективе: мисија више није усмерена напоље, него се односи на сопствено друштво, које је већ у основи отворено за хришћанство. Тиме треба да се изађе у сусрет потребама цркве у постсовјетском друштву. Такви напори, међутим, тек су у зачетку.

3.5 Емиграција и црквени расколи

Руско православље није се проширило само тамо где је у то време била Русија, него је било присутно и у традиционално неправославним земљама. У овоме су улогу имале династичке везе царске куће, посебно са немачким племством, које су од раног XVIII столећа јачале. У XIX столећу Немачка је (поред Француске) била омиљена путна дестинација руског племства. О томе не сведоче само немачке речи у руском језику, као што су „курорт" (бања) или „фејерверк" (ватромет), него и цркве по немачким бањама: у Баден-Бадену, Бад Хомбургу, Бад Емсу или Висбадену и данас изазивају дивљење руске цркве и капеле из оног времена.

До далеко већег ширења руског православља на Западу дошло је у XX столећу као последица револуције. За време грађанског рата многи епископи остали су у областима које су држали „бели" и које су епископи подржавали. С продирањем Црвене армије и повлачењем „белих", ови епископи били су принуђени да напусте земљу; најчешће бродовима преко Црног мора према Цариграду, а одатле даље у друге европске државе. Емиграција се испрва концентрисала у обе монархије словенских језика, наиме у Југославију и Бугарску, као и у Пољску, Немачку и Француску. У новембру 1921. конституисао се у Сремским Карловцима, месту које је било од великог значаја за српско православље, руски Синод на чијем је челу био бивши кијевски митрополит Антоније (Храповицки). Његови чланови позвали су се на један декрет патријарха Тихона (Белавина) из 1920, према којем епископи који нису у контакту са патријаршијом треба да се организују самостално. Овај Синод, кога су касније често називали и „карловачки", позивао је на рушење бољшевика и на поновно успостављање монархије у Русији. Патријарх Тихон је потом покушавао да их распусти и да вођење руске цркве у иностранству пренесе на умеренијег митрополита париског Јевлогија (Георгијевског). Јевлогије и руско православље у Француској, с обзиром на дешавања у Совјетском Савезу 1931, потчинили су се васељенском патријарху у Цариграду, што је учинила и руска црква у Америци. Али Синод у Југославији није признао Тихонову одлуку наводећи да је ова била донесена под притиском режима и, после изјаве о лојалности московског митрополита Сергија (Староградског) из 1927. према совјетској држави, коначно је прекинуо канонске односе са црквом у отаџбини.

У југословенском егзилу „руска црква у иностранству" је у периоду између два рата успела да се консолидује. Руске монахиње су допринеле поновном оживљавању женског монаштва у српској цркви, основана је једна школа за образовање свештенства, могле су се објављивати црквене публикације, а руски теолози у значајној мери допринели су настанку и развијању теолошког факултета у Београду. У пометњама Другог светског рата Синод је своје седиште накратко преместио у Карлове Вари и Минхен, да би се коначно његово средиште од 1950. преместило у Америку. Тамо се овај конституисао као „Руска загранична православна црква" са претензијама да буде једини слободни део руског православља. Са црквом московске патријаршије у совјетско време нису постојале никакве званичне везе. Загранична црква сматрала је да ова патријаршија није слободна и оштро је заступала антикомунизам.

Загранична црква била је присутна пре свега у познатим земљама емиграције: у Западној Европи, у Северној и Јужној Америци, као и у Аустралији. Она је одолела многим расколима и кризама и заступала је већину руске емигрантске заједнице. Своју конзервативно-националну црту показала је и тиме што је канонизовала последњег руског цара Николаја II кога су са целом породицом убили бољшевици.

Црква московске патријаршије била је суочена са проблемом зато што је загранична црква отворено говорила о прогонима у Совјетском Савезу и што је за то уживала подршку Запада. Московска црква знала је да је оваква замерка умесна, али је ћутала пошто се налазила у земљи и није хтела да угрози своју крхку позицију. Уз подршку државних власти, она је у иностранству оснивала парохије у које је слала своје свештенике и епископе, па је тако била присутна свуда у иностранству; на тај начин је настала читава мрежа епархија. Ове парохије, ипак, никада нису достигле број припадника заграничне цркве. У Америци и Јапану тамошње православне цркве од Москве су 1970. добиле аутокефалност; овај акт, међутим, нису признале друге православне цркве, тако да је канонски статус обеју ових цркава до данас остао најасан.

Загранична црква, по окончању верских прогона у Русији и распада Совјетског савеза, изгубила је основу своје легитимности. Патријаршијска црква више није била неслободна. Загранична црква испрва је покушавала да идентификује илегалне парохије које су преживеле совјетско време да би са њима успоставила контакт, па је основала неке епархије у Русији и у Заједници Независних Држава. Касније је ступила у контакт са конзервативним, пре свега антиекуменским круговима, да би на крају ипак установила званичне односе са врхом патријаршије. Руска православна црква, са своје стране, показивала је велики интерес за поновно уједињење и у бројним преговорима приступала разјашњавању отворених питања. У мају 2007. у Москви је свечано обележено уједињење обе цркве.

Није једноставно објаснити данашње стање загранич-не цркве, која после уједињења Руске православне цркве сада има полуаутономни положај. Загранична црква има широм света 13 епархија и неких 450 парохија; број верника се не може тачно установити, посебно зато што је последњих година видно опао. Контакти са московском црквом довели су до велике кризе јер нису сви чланови такве односе сматрали прихватљивим. Последњих деценија је у западним земљама поново веома порастао број православних Руса, премда су се све више асимиловали потомци „старе" емиграције првог (непосредно после Октобарске револуције) и другог таласа (насталог у вези са Другим светским ратом). Овај нови феномен има различите узроке: могућност исељављања совјетских Јевреја и руских Немаца заједно са понекад православним чланови-ма породица, као и миграције после краха Совјетског савеза. Службе у руској заједници, које данас постоје у Немачкој, по правилу су добро посећене; и такође због руских хришћана православна црква је данас у Немачкој трећа по величини, са више од милион верника.

У вези са ширењем руског православља у XX столећу треба указати на још један феномен који је са њим у посредној вези: неколико година после револуције земљу су напустили многи интелектуалци који су били познати као религијски мислиоци. Међу њима је био и теолог Сергеј Булгаков, који је дошао у Париз и тамо постао први ректор новооснованог Православног богословског института „Свети Сергије". Још пре рата је 1938, као даљи напор у истом правцу, у Њујорку основан сличан институт, Семинар „Свети Владимир". Оба института у великој мери допринели су плодној размени између православне и западне теологије. Поред тога, на Западу постоји још читав низ научних теолошких православних установа, али ова два руска института треба поменути на првом месту.

Данас је Руска православна црква московске патријаршије присутна широм света. Од укупно 136 њених епархија, 68 се налазе у иностранству (од тога 57 у Заједници Независних Држава, поред 69 епископија у самој Русији).[21] Цркви је важна брига за своје вернике на Западу, а не мисионарење. И поред тога, постоји велики број католика и протестаната који су се преобратили у православље; у неким парохијама се служба обавља на језицима тих земаља. Црква има амбицију да буде присутна свуда у Русији и, наравно, тамо где живе православни Руси.

---

[21] Црква не наводи број верника, него само епархије, манастире и парохије; упор. интернет страницу Руске православне цркве http/www.mospat.ru/index..php?mid=215 (скинуто 26. марта 2007).

4 ЦРКВЕНЕ СТРУКТУРЕ

Преглед епоха руске црквене историје показао је да су се структуре руског православља, његово устројство и црквеноправна надлежност многоструко мењале. Питање структуре цркве нема само организациони карактер, него се испољава и у унутрашњем стању једне цркве, као и у могућностима деловања према споља, пре свега према држави. Историја руског православља јасно показује да су оквирни услови православне еклисиологије бивали врло често широко тумачени.

4.1 Јурисдикцијска зависност од Цариграда

После оснивања, митрополија у Кијеву првенствено је била зависна од Цариграда. То је било у складу са принципом према коме је за епископе „код варвара" надлежан био главни град царства. Ни говора не би могло да буде о другој патријашији; независност руске цркве од почетка је била просто незамислива. Црква која је настала као резултат мисионарења увек је била на почетку зависна црква. Установљена је, дакле, једна црквена провинција коју је водио кијевски митрополит. Њега именују у Цариграду или барем потврђују; њему потчињене епископе бирају кнежеви дотичних места или народни представници (као у Новгороду). Познат је случај да је један епископ, иначе Грк којег је именовао митрополит, одбијен са аргументом да га нису „изабрали људи наше земље". Када није био могућ контакт са Цариградом или када је патријархов трон био упражњен, наследника митрополита именовали би велики кнежеви и касније би према могућностима били потврђивани. Чувени митрополит Иларион, први оведочени Словен на томе месту, дошао је 1051. на положај управо тим путем, пошто због рата није било могуће добити одобрење цариградског патријарха. Дакле, превладавала је свест да начелно треба тражити консензус са царским градом; међутим, у изузетним ситуацијама била су могућа и друга решења.

О првим почецима црквене организације зна се веома мало. Додуше, позната су имена двојице митрополита, али тек се 1039. поуздано зна за носиоца овог звања који се звао Теопомпт. У прво време су се на престолу митрополита смењивали Грци и Словени, док су касније то све више и чешће били „Руси". Међутим, последњи митрополит који је у XV столећу именован из Цариграда био је Грк.

Такође, и о потчињеним епархијама има мало информација. Велики кнез Јарослав Мудри 1036. поставио је епископа Новгорода, који је био други град по важности. Важно је приметити да ово постављење није дошло од стране црквених власти, рецимо, од патријарха или митрополита, него од самог господара. И други кнежевски градови све чешће су добијали епископе који су скоро увек били Словени. У XI столећу основано је свега девет епархија у „Руској земљи". Средином XII столећа, укључујући и Кијев, било је 12 епархија.

Тешке прилике у устројству цркве настале су када је после разарања Кијева и почетком премештања тежишта на север, у Владимир, у Кијеву основана нова митрополија.

После одласка митрополита, ту, у старом Кијеву, настала је празнина. Кнежеви западног суседа Халича постали су заинтересовани за град и за митрополију. Ови су, пошто је центар моћи „Руске земље" померен на север, развили сопствену политику према Западу и остварили контакте са Римом, па њихова настојања око Кијева нису била без римског утицаја. За Кијев се заинтересовала и Литванија, која је у међувремену постала велика сила али је остала паганска, као и, наравно, патријаршија из Цариграда. Ова друга трудила се око индиректног утицаја на Литванију јер је тамо растао значај римске цркве. Ова област попримила је име „Мала Русија" јер је, гледајући из Цариграда, до те Русије пут био краћи, за разлику од оне предалеке Русије на северу, дакле, „Велике Русије".

У Кијеву је у XIV столећу, после дуготрајних преговора и променљивих односа међу силама, коначно дошло до оснивања једне црквене провинције, после чега су Халич и Лавов припали Пољској. Оба ова града су тако трајно потпала под западни утицај. Лавов, данас у западној Украјини, добио је магдебуршке градске законе и даље се развијао попут других западних градова. И данас постојеће разлике између запада и истока Украјине сежу на својим почецима до разлика у развоју којима је корен управу ту: Лавов и Галиција били су под утицајем Запада, а исток земље прожима православна традиција. Каснији развој, поготово у време Хабзбурговаца у Галицији, само је те разлике оснажио.

Сада су, дакле, постојале две кијевске митрополије, једна у Кијеву и друга у Владимиру, односно, после пресељења, у Москви. Након закључивања прве пољско-литванске уније, која је трајала од 1386. до 1492, литванска владарска кућа била је католичка. Пошто су многе кнежевине старе Русије припадале овој државној творевини, ту су православни верници представљали већину становништва које је због фаворизовања католичке цркве од стране владаре доспело у неповољан положај. Митрополитска столица увек је поново бивала упражњена у временима када је Цариград био слаб да у тој ствари интервенише одлучније. Тек у XV столећу та функција је била редовно попуњавана и то православним митрополитима који су признавали патријархе у Цариграду. Пошто се руска црква у исто време прогласила независном од Цариграда, а митрополит имао титулу „митрополит Москве и целе Русије", проблем двоструке митрополије више није постојао. За руско православље Кијев је изгубио значај. А када је 1596. обновљена унија између Пољске и Литваније, град је припао Пољској. Унија закључена у Бресту 1596. узроковала је даље немире у православној цркви у том региону. Пољска држава признавала је још само оне јерархе који су се изјаснили за унију са Римом. Од 1620. поново је постојао митрополит у Кијеву. Када су Украјина са леве (источне) обале и град Кијев 1667. коначно потпали под Русију, Кијев је прво био само епископско седиште; недуго затим, 1685. опет је подигнут на ниво митрополије под руском патријаршијом.

Ови догађаји упућују на бројне аспекте: један од њих је да сада Кијев за руску цркву није имао трајни, актуелни значај, него је пре свега био град християнизације и успона „Руске земље". У руској свести, несумњиво, трансфер власти и црквеног старешинства стварно се одиграо. Тачно је да је све до XV столећа постојао захтев да се одржи кијевска титула, али упоредо са самосталношћу руског православља, оно је постало независни црквени савез у коме дуго времена име Кијева више није играло неку улогу. Кијев се тек крајем XVII столећа поново вратио у колективно сећање руског православља.

У други аспект треба урачунати поновне покушаје утицаја римске столице. Христијанизацијом Литваније, та је држава сада припадала католичком свету и утицај Рима се значајно померио на исток. Са јачањем Литваније, која се сложила/договорила/аранжирала с Тевтонским редом, покорила многе словенске кнежевине, освојила приступ Црном мору, тај утицај је постајао само све већи. Тако су се огласиле и отворене претензије да литвански бискупи (услед непознавања реалних околности) буду постављени за генералне викаре целе Русије. Отуда и нови покушаји да се у Кијеву поставе католички бискупи, испочетка уз латински, а после Фирентинске уније 1439. опет са „унијатским" обредом.

Могу се, дакле, препознати посебности две кијевске црквене традиције и обе се, за легитимацију, позивају на христијанизацију под Владимиром. На ове процесе треба гледати у контексту татарских упада који су узроковали да „Руска земља" сада има више центара. За обе кијевске традиције заједничко је сукобљавање са Западом (са различитим последицама) као о грчко наслеђе. Традиција у Русији може да се сматра непрекинутом, али је променила место а, на крају, и име. Кијевска традиција се задржала у Кијеву, али праћена бројним прекидима континуитета као и црквене и државне припадности. У XX столећу различите интерпретације овог развоја генерисале су потенцијал за велике конфликте.

4.2 Аутокефалност и патријаршија

Аутокефалност руске цркве је индиректна последица Сабора у Ферари-Фиренци, на коме је цариградска црква 1439. ушла у унију са римском црквом у нади да ће тиме добити војну помоћ против Османлија који су угрозили Царевину. Полазиште ове уније било је да источни хришћани признају римски примат, да латинска уверења морају да прогласе исправним, али да могу да задрже сопствене обичаје и традиције. Унија није била дугог века, али је један од њених главних присташа, митрополит Исидор, надлежан за Русију, покушао да је спроведе и у Москви. Та накана је била безуспешна и овај се спасао бекством. У Москви су као одговор на ово за митрополита одредили управо именованог епископа Јону и то без консултација са Цариградом који се, баш као и Исидор, у руским очима због уније сматрао отпадником од вере. Московска црква је тиме постала фактички аутокефална, дакле, јурисдикцијски независна од било кога и могла је убудуће сама да поставља своје поглаваре. Логична последица свега је била њено преименовање у „Митрополија Москве и целе Русије" пошто је титула „Митрополија Кијева" увек подразумевала потчињеност Цариграду. Овај акт потврђен је на једном московском синоду 1459, дакле, после пада Цариграда. Васељенска патријаршија је московску аутокефалност признала тек знатно касније; руска црква је тиме била изолована од православља. Рим је потом 1458. за „митрополита кијевског, Халича и целе Русије" именовао једног монаха из Цариграда, именом Григорије, који је био пријатељски настројен према Унији. Али у Москви нису више придавали важности кијевској титули: раздвајање две цркве било је потпуно.

Аутокефалност цркве у Москви имала је далекосежне последице, поготово што је управа цркве и пре тога у великој мери била независна од Васељенске патријаршије. Руска црква сада више није била под обавезом да се у црквеним стварима потчињава некадашњем царском граду. Одлуке тамошњег синода важиле су за све митрополије, па и за кијевску. Православна црква у московској царевини могла је сама да уређује своје унутрашње прилике; бирање митрополита свакако је био моменат када се то јасно видело. Спољашњи односи били су препуштени држави, тако да су се границе између држава и црквене надлежности поклапале. Као последица тога, митрополит Теодосије, наследник митрополита Јоне, приликом ступања на положај 1461. узима титулу „митрополит московски и целе Русије"; појам „Руска земља" сада више не означава историјску творевину коју су чиниле руске кнежевине, него територију којом је владала Московска кнежевина. Тек много касније, не без империјалних намера, посеже се поново за историјским идејама.

Изолација руске цркве од осталих цркава, која је повезана са самопрокламованом аутокефалношћу, значила је да су односи према остатку православља или отежани или прекинути, поготово са другим црквама у Османском царству а да не помињемо православне хришћане у Пољској-Литванији. Једина православна држава којом није владао туђинац била је Русија. То ће се брзо показати кроз финансијску зависност источних патријаршија од Москве. Са западном црквом било је само појединачних контаката; већ сама унија схваћена је као непријатељски чин, а даљи покушаји католичких суседа Пољске и Литваније да ногом кроче у Москву нису нимало доприносили поправљању тих односа. Ова изолација која се у XV и XVI столећу није односила само на цркву, узроковала је да су утицаји споља допирали до Москве најчешће са закашњењем и неретко тамо наилазили на посебну, често одбојну реакцију.

Симбол тог одбојног држања била је и по своме значењу иначе спорна идеја о Москви као „трећем Риму". Уз то се пропаст Цариграда тумачила као казна Божја за унију са римским јеретицима. Москва је, после Рима и Цариграда као „новог Рима", сада трећи Рим „и четвртог неће бити", како стоји у запису монаха Филотеја из раног XVI столећа.[22] Премда овај запис и сама ова идеја у своје време нису имали трајну рецепцију, то ипак показује колико је озбиљно Московска кнежевина себе сматрала наследницом византијске светске царевине, али је на руску цркву ипак гледала као на једину легитимну цркву.

Потпуност црквене самосталности огледала се у подизању цркве на ранг патријаршије. Аналогија са Византијом сада се огледала, осим што се радило о једној православној царевини, и у постојању патријарха као поглавара цркве. Тада, у „времену смутњи", због нејасноћа око наслеђивања престола Ивана IV (Грозног) после 1584, са патријархом Јеремијом II – иначе првим Васељенским патријархом који је боравио у Москви – Борис Годунов је као регент 1589. године преговарао о подизању московске цркве на ниво патријаршије. Финансијски положај православља у Османлијском царству приморавао је заступнике ове цркве да увек у Москви моле за подршку. То их је доводило у положај зависности од царева, чега су ови били потпуно свесни. После преговора са Јеремијом II, овај је 1589. дао своју сагласност и уздигао је митрополита у ранг „патријарха московског и целе Русије и северних

---

[22] Извод из текста код: *Die Orthodoxe Kirche in Rußland*, изд. P. Hauptmann/G. Stricker, Göttingen 1988, стр. 252f.

земаља". Његове наследнике требало је „за сва времена" да бирају руски синоди. Чињеница да су преговори вођени са регентом не умањује резултат, него указује на значај који је за московску царевину имало подизање цркве на ранг патријаршије. Ова одлука потврђена је на више синода у Цариграду, а потврдили су је и остали патријарси односно њихови представници. Тиме је руска црква опет постала део православља у целини, изолација је престала, а исход је било поновно приближавање грчком хришћанству што ће се показати и кроз повећане утицаје на пољу теологије, црквене уметности и црквене управе.

Тако је по први пут у новом веку основана једна патријаршија. Традиционалне патријаршије наслеђене још из антике – цариградска, александријска, антиохијска и јерусалимска, допуњена је сада и петом, московском патријаршијом. Руски патријарх је био дужан да цариградску столицу поштује као прву, „како су се понашали и остали патријарси"[23]. Независност цркве остварена је сада у сваком погледу. У титулу царева сада се коначно уводи појам „самодржац": он је сада аутократор као и византијски цар, који у својој владавини ни од кога на Земљи није зависан нити ико треба да га поставља или потврђује. Сада је опет видљив и континуитет са Византијом, који се очитује кроз преузимање елемената из протокола. Патријарх Јеремија II је Москву и њену цркву такође обавезао да брани грчку веру: то је сада задатак Русије као силе заштитнице православља пред муслиманима, што ће имати већи значај пре свега у наредним столећима.

Добијање патријаршије значило је и нову организацију цркве на унутрашњем плану. Основане су четири нове митрополије, шест архиепископија и три епископије (уз пет

---
[23] Исто, стр. 301.

већ постојећих). Наредних година осниване су епископије углавном у северним и источним областима. Ово подизање на ниво патријаршије, међутим, променило је само незнатно релативно слаб положај цркве у односу на владаре. Само у XVI столећу, од једанаест московских митрополита петорица су отерани са положаја. Тако нешто када су у питању патријарси није било једноставно (иако се и то једанпут десило), премда су владаоци на цркву гледали као на део државе и отуда сматрали да је црква подложна њиховом ауторитету тако да се може говорити о фактичкој власти царева над њом. Повремени успешни покушаји појединих митрополита и патријархâ, да обезбеде већу независност, нису променили ту чињеницу.

Руска црква искористила је своју самосталност да стабилизије стање вере и побожности. Синод „Сто поглавља" (рус. Стоглав) 1551. уводи многе реформе, посебно у домену литургије. Овде су се током времена поткрале многе злоупотребе. Најпознатија је сигурно била *многогласје*: да би се скратиле дугачке службе, у једној цркви би истовремено различите делове литургије певало више хорова. Овај и други недостаци временом су одстрањени. У сликању икона уведена су јединствена правила, судство у епархијама и надзор над клиром појачани су, као и манастирска дисциплина. Реформа је одбацила све што се сматрало „страним" и потврдила углавном посебности руског развоја. Покушаји цара да секуларизује манастирски посед и даље су били спречени. Скоро сто година после синода „Сто поглавља", 1649. штампан је *Номоканон*, збирка одредби црквеног права: то је говорило о потреби да се учврсте правила црквеног живота. Исте године разбуктао се по први пут сукоб између присталица литургијских реформи и њихових критичара, што ће водити расколу староверaца. Коначно, Велики московски сабор 1666/67, који је одржан у вези са овим сукобима, одлучио је о побољшању обреда и о независности патријарха у црквеним стварима; у стварности, међутим, о цркви су одлучивали владари.

Спољнополитички процеси цркву су погађали утолико што је ширењем Литваније на исток, и због неуспеха није из XV столећа, православних хришћана било и западно од Московске кнежевине. Московски митрополити и патријарси су сматрали да православни у Пољској-Литванији спадају под њихову јурисдикцију. Међутим, овде је било мало простора за деловање, а Брестовском унијом и због њених последица и тај је био све мањи. Када су у XVII столећу источна Украјина и Кијев потпали под Русију, тај проблем је решен само делимично. Са руског становишта тај је догађај био и јесте „поновно уједињење" Украјине са Русијом, а са украјинског, напротив, то је било још једно раздобље неслободе, овај пут под влашћу Русије.

4.3 Раздобље Синода

Реформе које је почетком XVIII столећа у црквеној области спровео цар Петар I биле су најдалекосежније у читавом раздобљу царева. Оне су на векове промениле спољашњи лик цркве, посебно управљање црквом и још више је ставиле под контролу државе. Ове су се промене првенствено базирале на теолошким претпоставкама које нису долазиле из православне традиције. Утолико се те реформе могу разматрати како са аспекта црквеног устројства тако и с обзиром на односе државе и цркве, али и са теолошко-историјског становишта, односно, може се поставити питање западних утицаја. При томе се да утврдити да оне, те реформе, не долазе изненадно, него да се ти исти западни утицаји очитују и у годинама које су претходиле. Још 1687. основана је Словенско-грчко-латинска школа. Њеном оснивању, чији почеци сежу чак у време владавине цара Фјодора (1667–1682), претходиле су жестоке расправе око увођења латинске наставе. Јасно је, дакле, да су западни утицаји, против којих се црква увек жучно противила, имали пролаз и пре Петра.

Позадина Петрових реформи била је идеја модернизације државе према западним узорима. Држава је, како се то увек изнова наглашавало, убудуће требало да служи „општем добру". Многи елементи руске цркве, као што су монаштво, спорови са староверцима, које је Петар затекао, или тромост и старомодна патријаршијска црква критична према Западу, те процесе су спречавали, тако да је, у ствари, предмет Петрове реформске политике постала сама црква. Најважније новине у црквеној области биле су укидање функције патријарха и оснивање новог синода као органа који руководи црквом, те ограничавање манастирског живота и мере за побољшање образовања клира.

Последњи патријарси Јоаким и Адријан имали су јасну свест да црква треба да буде јака. У томе су следили линију патријарха Никона, који је против староверца држао управо један такав курс (да би на крају у томе ипак претрпео неуспех). За младог цара Петра, који је на положај ступио тек после породичних сукоба и ривалитета, ово није била једноставна ситуација. Када је Адријан 1700. умро, Петар није допустио избор новог патријарха, него је за управника патријаршијске службе поставио епископа Стефана Јаворског. Јаворски је потицао из Лавова и на пољским језуитским школама стекао филозофско и теолошко образовање, дакле, у раној фази свог живота био је католик. Касније је као наставник теологије и игуман дошао у Кијев одакле га је Петар позвао у Русију. На основу свог порекла и образовања, Јаворски је могао да важи за представника латинског правца украјинског православља. То се манифестовало и тиме што је против протестантских погледа износио католичке аргументе, односно приоритет традиције над Светим писмом. И поред тога, он је био строго православан тако да је био критичан и према Петровим реформама. На крају, цар је ипак спровео своју вољу; Јаворски је касније чак постао први председник синода.

Петар је код својих реформи имао да рачуна са отпорима из цркве, које је ипак уз помоћ управника и синода, као и административним мерама могао да држи под контролом. Отпор се могао очекивати пре свега из конзервативних кругова у вођству цркве и из монаштва. Зато је значај овога фактора морао да се искључи што далекосежније.

Године 1701. поново је основана „Манастирска канцеларија", под коју су потпадала манастирска добра – то је још један у дугом низу покушаја државе да се дочепа манастирске имовине. Чак ако то и није потпуно успело (канцеларија је поново укинута 1720), нека ограничења ипак су спроведена. Држава се није устезала ни од располагања црквеним добром нити се одрицала сопствених ингеренција наспрам цркве. Затворени су бројни манастири. Ступање у манастир је отежано и за мушкарце је омогућено од 30. године живота а за жене од 60, пошто је цар желео да спречи да се у манастирима радно способно становништво бави „бескорисним" пословима уместо да служи општој добробити. Преостали манастири охрабривани су да се посвете „корисним" тј. првенствено добротворним делатностима.

После 1718. Петар се више бавио црквеном организацијом. Његов најважнији теолошки саветник био је петроградски архиепископ Теофан Прокопович. И овај је потицао из Украјине, једно време је био католик, штавише, студирао је у Риму где је упознао теологију која је била под језуитским утицајем. По повратку је био игуман Печерске лавре у Кијеву, а 1716. долази у нову престоницу, где убрзо постаје митрополит. Његови теолошки назори указују да је био под протестантским утицајем, што се своди на његово преузимање појединих протестанстских принципа, рецимо примата Писма или стављање нагласка на учење о избављењу. Дакле, због доброг познавања западне теологије, пре свега методике, Прокопович је био у стању да брани од приговора православна начела. Пошто ће и у будућности тако поступати бројни руски теолози, он ће важити за „оца руске теологије". У поглављу „Теологија и религијско мишљење" показаћемо како је та метода наилазила и на оштру критику.

Прокопович је имао позитиван став према црквеним реформама. Од њега потиче спис „Право монархове воље", у коме описује цара као врховног пастира и јерарха[24]. Воља народа, према њему, испољава се у вољи владара. Овде се могу уочити византијске представе, као и руске идеје и призвуци учења о природном праву са Запада. А 1721. Прокопович је саставио програмски *Духовни регламент* који представља покушај да се прикаже та потпуно нова оријентација руске цркве[25]. О овом статуту се видљиво преузимају западне идеје и принципи. Уз једно прагматично образложење (група има више предности

---

[24] У изводима код: *Die Orthodoxe Kirche in Rußland*, изд. P. Hauptmann/G. Stricker, Göttingen 1988, стр. 420f.

[25] Исто, стр. 393–418.

него појединац), као колективни управни гремијум цркве уведен је синод; појединачна епископска јурисдикција више не игра неку нарочиту улогу. Овде се не сме заборавити да је цару, прво, из Западне Европе био познат принцип синодалног, не-монархистичког управљања црквом и, друго, да ја црква била устројена паралелно другим постојећим државним институцијама. Као и колегијуми (министарства), али пре свега као сенат, тако је и црква постала део државе и више није била самостална организација унутар ње. Такво размишљање често ће се и у будућим временима сусретати у државама где је православље преовлађујућа религија.

„Најсветији владајући синод" конституисан је 1721, испочетка као „духовни колегијум", по аналогији са другим колегијумима, тј. министарствима које је Петар увео. Међутим, убрзо је преименован и морао је у литургији да се помиње на месту где се моли за патријарха. Потом је именован председник синода; то место поверено је Стефану Јаворском који је сада као противник реформи седео на најодговорнијем месту. После његове смрти 1722, то место је остало упражњено и све већи значај у синоду добијао је државни службеник који је носио звање „обер-прокуратор". Сам Петар I и каснији цареви врло често имали су уплива на деловање синода.

Успостављањем синода институционализована је заправо напетост између духовног вођства цркве, које је због миропомазања остало у рукама епископā, и фактичког управљања црквом које је прешло на синод. То је имало две последице: снажно је опао духовни значај и углед епископā; али је зато постала важнија улога монаха који су за многе, поготово у XIX столећу, били апсолутни духовни ауторитети. Још касније, вођење цркве је фактички прешло на оберпрокуратора. Та ситуација је кулминирала под Константином Победоносцевим који је службовао од 1880. до 1905. Овај је упражњавао строгу контролу цркве на коју је гледао као на стуб аутократије. Надзор над школама био је пренет на цркву, а епископи су требали да контролишу монахе и старце, што се ипак показало као немогуће. Оберпрокуратори у синоду нису имали право гласа, али су присуствовали седницама, одржавали контакт са царем, контролисали сву преписку синода и сву кореспонденцију са епископима. Такође, мере и активности епископа у великом степену зависиле су од синода.

Мере које је предузео Петар I имале су последице и по образовање клира. Његова просветитељска намера била је што је могуће боље школовање свештенства. Начелно, на образовање се гледало као на најважнији задатак цркве, и то, наравно, полазећи од идеалне представе о општем добру. Овде је спадало обавезно отварање духовних училишта по епархијама не би ли се подигао образовни ниво код свештенства. Додуше, ово није могло да се спроведе свугде, али је представљало основу за побољшање образованости. Пошто није било могућности да се брзо изгради један такав обухватан систем школства, чињени су покушаји да се у друштву делује преко свештеника, који би требало да подучавају кроз проповеди. У тим околностима је, између осталог, настала и Московска духовна академија, која је под Јаворским испочетка тежила донекле латинизованом образовању. Као противинституцију, Прокопович је у Петрограду основао интернат у коме су изучаване световне струке. То је одговарало и жељама царева који су хтели да знају да постоје духовници подобни не само за цркву, него и за друге функције у цркви и друштву.

И на овом примеру се показује да су два најважнија теолога тога времена, који су заступали актуелне теолошке правце, били у извесном односу међусобне конкуренције. Поред свих нужних ограда пред уопштавањима, може се рећи да је Јаворски био експонент једног католичког правца, а Прокопович протестантског. Симптоматично је за руску цркву и теологију тога времена, дуго времена дистанцираних од сваког западног утицаја, да су нове оријентације дошле управо преко теолога који су заступали западне утицаје. Петровим реформама би могао да се појави отпор, судећи по традицији у Русији, али не би могао да се понуди и трајнији алтернативни модел. Ипак, ова ситуација не би сада смела да се разуме тако да Јаворски и Прокопович нису били једнозначно православни: они су били једнодушни у одбијању западних цркава (као уосталом и Грка), и до краја су остали убеђени православни јерарси. Њима су биле стране „ране екуменске идеје", као и тежње ка унији које су им понуђене и које су им биле познате још из њихове украјинске домовине, али које су глатко одбили као махинације римске цркве. И када су следећих деценија многи теолози и епископи позивани из Украјине у епархије у Русији, пре свега у Сибиру, или на функције у црквеној управи, црква је и поред тога била недвојбено православна. Отворено се иступало против протестантских, првенствено пијетистичких или католичких тенденција. Такође, ни цар Петар I никада није доводио у питање православни карактер руске цркве.

Петрове реформе се све до данас тумаче сасвим различито. Петар се често приказује као лик супротан Ивану IV. Иван је тобоже увек имао на уму руске вредности, са строгошћу и верношћу православљу спречавао све западне утицаје и Русима показивао да за њих будућност постоји само ако се позивају на сопствену традицију и уколико су јединствени. Петар је, напротив, према таквом мишљењу Русију отворио према исквареним западним утицајима, стране вредности постале су, наводно, важније од сопствене традиције и сва зла са којима је Русија имала да се убудуће носи долазе са Запада. Сукоб између ова два правца добио је свој израз у руској филозофији XIX столећа, када су се супротставили словенофили и „западњаци", а поново оживљава после распада Совјетског Савеза.

Најважнији учинак реформи било је потпуно потчињавање цркве држави. Током XIX столећа повремено су се јављали захтеви да се поново успоставе патријарх и епископско воћство цркве, али без икаквих резултата. Клир се нашао у опозицији према хијерархији, а интелигенција се удаљила од цркве, и то је однос који је био двостран. Истина, почетком XX столећа било је усамљених покушаја да црква и интелигенција остваре контакт (рецимо, позната „Петроградска религијско-филозофска окупљања" између 1901. и 1903), али они су били без трајнијег учинка. Већина интелектуалаца и уметника или уопште нису били верски заинтересовани или је њихово разумевање религије било такво да у њему црква није имала значајну улогу. У овоме контексту треба поменути „боготражитеље" и симболизам као књижевни правац. Црква ипак није била у стању да пригрли оваква струјања. Године 1917, на крају раздобља Синода, она је била у „жалосном стању"[26].

У тој ситуацији нису могле ништа да промене ни могућности које су пружале реформе из 1905. године. Сада је религијска толеранција по први пут важила и за Русе, а не само за странце или новоосвојене народе. Више од

---

[26] K. Onasch, Grundzüge der Russischen Kirchengeschichte, Göttingen 1967, M 125.

300.000 њих који су силом преведени и православље напустило је цркву чим је то постало могуће. Победоносцев је морао да да̂ оставку, али захтеви да се одржи сабор нису могли да прођу, иако се одмах састао један предсаборски одбор, који је цар распустио после извесног времена. Дошло је до напетости међу монасима, између којих се бирају епископи, и мирског духовништва које је носило терет бриге за паству, али за које су једва постојале могућности напредовања. И међу мирјанима је долазило до различитих груписања којима се тежило реформи цркве. Ниједан од захтева није могао да се оствари пре Првог светског рата.

4.4 Помесни сабор 1917. године

„Помесни сабор" руског православља за време „привремене владе", дакле, после цареве абдикације, а пре Октобарске револуције, који је отворен у августу 1917. у московском Кремљу, није само довео до поновног устоличења патријарха, него је формулисао и бројне предлоге организовања цркве према традиционалним православним теолошким принципима. Он је утврдио форме са којима ће руска црква ући у совјетско време, али их није и учврстио, није их чак ни реализовао, тако да – без обзира на поновно успостављање функције патријарха – утицај овог сабора остаје скроман.

Сабор је могао да се врати на оне садржаје који су припремани на предсаборним скуповима добрих десетак година, али је такође наследио и проблеме и спорове тог периода. Сама идеја да се поново уведе функција патријарха није била неспорна: кратко време после абдикације цара нашли су се противници идеје да се у цркву поново уведе монархистички принцип. То су били пре свега световни духовници, професори духовних образовних установа као и неки мирјани. Расправљало се и о успостављању једног колективног тела које би се састојало само од епископа. Коначно, превагнуле су присталице поновног увођења службе патријарха, који нису наводили само историјске разлоге, него су давали и аргументе и са становишта нужности укидања Петрових реформи.

Помесни сабор је био већински састављен од мирјана (314 од 564 учесника): поред свих епископа, из сваке епархије учествовала су поред два свештеника и три мирјана, а осим тога и представници манастира, академија и универзитета. Закључци заседања још једанпут су разматрани од стране епископа у пуном саставу, а ови су могли да их одбију са трочетвртинском већином. То је значило да је сабор имао шира права и могућности, а да епископи, који према православној еклисиологији у цркви имају централну позицију, ако иступају једногласно, могу да уложе вето. Кијевски митрополит Антониј (Храповицки), каснији поглавар заграничне цркве, био је почасни председник, док је московски митрополит Тихон (Белавин) био изабран за председавајућег.

Закључак о поновном увођењу патријарха формулисан је 4. новембра, дакле истовремено са револуционарним догађањима у Петрограду и кретањем бољшевика на Москву. Закључак је гласио да је на челу црквене управе патријарх, а да Помесни сабор, који је тиме институционализован, треба да буде врховна власт у цркви. Патријарх, међу епископима *primus inter pares,* полаже рачун Сабору. Према овој одлуци, изборна листа за ову функцију имала је тројицу кандидата, од којих се извлачио један. Као нови патријарх извучен је Тихон, који је приликом избора за листу добио најмањи број гласова. А 21. новембра обављено је свечано устоличење. После више од 200 година руска црква је поново као поглавара имала патријарха; раздобље Синода, које се сматрало у много чему нерегуларним, било је тиме окончано.

Средишња тема Помесног сабора било је питање учешћа мирјана у руковођењу црквом, подразумевајући ту и демократске елементе. И својим закључцима Сабор је покушао да удовољи овом настојању. С обзиром на ситуацију у којој је била руска црква, свака одлука је са собом морала да носи иновације. Епископе је у будућности требало да одређује једно тело које би одређивале епархије и у коме би били заступљени представници свештеника и мирјана, а парохије би добиле већу самосталност. Све у свему, ставља се јасан нагласак на синодални принцип, према коме предност имају одлуке колективних тела као и транспарентност у процедурама. Због револуције која је избила и због односа у младој совјетској држави, одлуке овог сабора никада нису могле да се остваре. У септембру 1918. властодршци су Сабор окончали силом.

Ни у временима која су уследила црква се више није вратила на закључке овог сабора и пре свега треба захвалити истраживањима на Западу што ови нису пали у заборав. Реформски потенцијал који се без икакве сумње налази у актима и закључцима сабора, до сада је остао неискоришћен[27]. Данас се чини да је више власти дато Архијерејском сабору и Синоду, какав је он данас, него Помесном сабору који се сада сазива само ради избора новог патријарха.

---

[27] G. Schulz, *Das Landeskonzil der Orthodoxen Kirche in Rußland 1917/18 – ein unbekanntes Reformpotential*, Göttingen 1995.

У Совјетском Савезу власти су, у склопу настојања да униште православну цркву, и преко државе покушавале да делују на црквене структуре. Носилац парохије није више била црква, коју су представљали епископ или свештеници, него група од 20 верника (рус. двадцатка) која се морала појавити пред властима са захтевом да се региструје као парохија и да јој се на располагање стави храм („обредни простор"). Свештеник („опслужитељ у обреду") био је формално неко из те иницијативне групе. Суштина је била у покушају да се уништи класична еклисиологија са својим односима између свештеника и епископа, као и веза између заједнице верника и епископа. Црква више није требало да се појављује као организација; сада постоји само религија као потреба појединачних особа које могу да се окупљају с циљем упражњавања вере. Ни ова мера није имала успеха. Иако је она на снази формално била све до историјског краја Совјетског Савеза, власти су после Другог светског рата морале у најмању руку да узимају у обзир само цркву као организацију.

Црквом је у Совјетском Савезу, пошто је 1943, после још једне паузе од 18 година, изабран други патријарх, управљао синод под његовим председавањем. Овај се састојао од патријарха и неколико епископа, од којих су неки били његови чланови по свом положају, док су други били бирани за ту прилику. Било је јасно да су ту функцију могли упражњавати једино епископи који су били подобни пред властима, поготово што су само такви и постојали у целој земљи. Инстанца власти која је имала контролу над њим – поред тајне службе – био је Савет за верска питања.

После краја Совјетског Савеза, КГБ је у Руској Федерацији добио службу која га је наследила и која се, претпоставка је, не бави православном црквом, а Савет за верска питања није више постојао. Дакле, Руска православна црква је сада могла да се организује аутономно, не подлежући утицајима са стране. Ипак, она једва да је променила своје устројство из совјетског времена, а поготово није реализовала одлуке Сабора из 1917. године.

4.5 Данашње стање Руске православне цркве

Руска црква данас обухвата 160 епископија, међу којима и читав низ у „блиском иностранству", дакле у Заједници Независних Држава, у балтичким државама, као и у другим државама. У Немачкој постоји архиепископ у Берлину као и један архиепископ у Диселдорфу који је надлежан за контакте са савезном владом и за координацију хуманитарне помоћи. Исто тако и три епископије Јапанске православне цркве могле би се са извесним правом рачунати у Руску православну цркву. У лето 2000. Руска православна црква дефинисала је своју „канонску територију" која обухвата све раније републике Совјетског Савеза, осим Јерменије и Грузије, где постоје самосталне православне цркве. Поред тога, по овој дефиницији под њу спадају и сви верници у иностранству који то желе својом вољом. У Белорусији, где постоји „Егзархат", и у Украјини, епархије руске цркве имају неку врсту аутономије у управи, али нису аутономне у смислу православног црквеног права. Егзархати имају сопствени синод који води митрополит. Овај је по свом положају члан московског синода.

Највиши орган цркве јесте помесни сабор. Овај се фактички сазива само за избор патријарха. У његов састав улазе сви епископи, представници клира и монаштва, те мирјани. У статуту цркве утврђено је да све одлуке помесног сабора, изузимајући избор патријарха, треба да прихвати Архијерејски сабор епископа. Помесни сабор се последњи пут састао 2009. када је изабрао патријарха Кирила (Гунђајева). За јубиларну 2000. годину прво је планиран помесни сабор, који се ипак није састао; уместо тога одржан је Архијерејски сабор.

Архијерејски сабор, дакле, скуп свих епископа руске цркве, припрема, држећи се статута цркве, помесни сабор, спроводи његове одлуке, одлучује о статуту Руске православне цркве, одлучује о основним теолошким, канонским, литургијским и пасторалним питањима, о проглашењима светаца и о црквеним спољним односима, где спада и оснивање егзархата. Архијерејски сабор у пуном саставу сазива се релативно ретко; од избора Алексија II састајао се 1992, 1994, 1997, 2000, 2004. и 2008. године. Тада се углавном бавио канонизовањем светаца, као и градњом цркава, чиме црквени живот треба да добије нове импулсе. Сабор 2000. између осталог, канонизовао је последњег цара и његову породицу и донео одлуку о једном важном документу, о социјалној доктрини цркве као и документ о односима према „хетеродоксији", дакле према неправославном хришћанству.

Цркву данас фактички води Свети синод. Овај гремијум чине патријарх, седам сталних епископа и петорица који се мењају. Стални чланови су митрополит кијевски, митрополит Минска, митрополит петроградски, митрополит крутицки, митрополит кишињевски, управник црквене канцеларије за спољне послове, као и патријаршијски деловођа. Остали чланови одређују се по принципу сениората за одређени мандат која траје пола године. Синод је заправо извршни орган цркве. Он се састаје редовно и доноси одлуке под председништвом патријарха.

Одлуке се објављују у „Часопису московске патријаршије" и могу се, у оригиналу и на енглеском језику, прочитати на црквеном интернет сајту[28]. Да би управљао црквом, Синоду стоји на располагању читав низ институција од којих су најважније Одсек за спољне односе, Теолошка комисија, Савет за издавачку делатност, Издавачка кућа, Комитет за наставу, Комитет за омладину, као и Пословодство патријаршије.

Коначно, према статуту, патријарх руководи црквом „заједно са Светим синодом". Он међу епископима заузима почасно место. Помесни сабор га бира између епископа Руске православне цркве који су старији од 40 година. Патријарх међу верницима ужива високи углед, а у државном протоколу данас се води на другом месту, после председника републике. Када се ради о црквеним одлукама, он није ни мање ни више од првог у синоду: он председава седницама, али има само један глас.

---

[28] Вид. www.patriarchia.ru.

5 ЦРКВА И ДРЖАВА

Из досадашњег излагања управо се видело да је у Русији однос између православне цркве и државе као такве увек био посебне природе. Историја руске цркве једва да се икако може проучавати без паралелног разматрања историје Русије; обе су тесно повезане. То подразумева да свака руска црквена историје мора увек да има у виду и државу. Ипак, црква у односу на државу има посебан положај утолико што може да се позове на један много дужи континуитет. Она је постојала и у „Руској земљи", а данашња руска држава се после трансформација, реформи и револуција ипак не може сматрати безрезервно идентичном са оним предходним.

Посебан карактер односа држава–црква не тиче се само питања црквеног поседа, које се увек изнова појављивало, него и одређивања односа цркве према држави (природно, као према држави која се историјски схватала као православна). И овде делује византијско наслеђе, које је због специфичних процеса у Русији и због дешавања у новом добу, добило посебан израз. Чак и данас, у једном времену у коме нема обостраних условљавања, црква отворено дефинише свој однос према држави, а држава са своје стране настоји да изнађе један примерен однос према цркви. То посматрача и на домаћем терену и у иностранству наводи на анализирање и тумачење тих односа, па су стога стално присутне дискусије и процене. Треба истаћи да се Руска православна црква у својој историји увек идентификовала пре са државом, а не у тој мери са руском нацијом, премда се и то у данашње време постепено мења. И за ово, наравно, постоје историјски разлози.

5.1 Византијска *symphonia* у „Руској земљи" и у Московској царевини

Однос цркве и државе у Византијској царевини схватан је и описиван као *symphonia*. Овим појмом изражава се да оба реалитета треба разматрати као различите појавне форме једне те исте стварности. Оне на истом циљу раде, дакле, у „сазвучју". Византолог Х. Г. Бек ову везу врло тачно је назвао „политичким православљем"[29]. Постоје бројни примери који конкретизују овај принцип. Могу се навести чињенице да су цареви сазивали саборе, председавали им (бар на најважнијим седницама) и спроводили у царевини саборске одлуке, или пак феномен да су више пута у византијској историји високи државни службеници, који су били мирјани, именовани за патријархе и у врло кратком времену бивали рукоположени за ђакона, свештеника и епископа. Али то не значи да би црква у Византији (или у Русији) једноставно била потчињена држави или да цар у смислу цезаропапизма истовремено има и највишу сакралну функцију. Оба домена била су византијска животна стварност и њихово раздвајање није се могло замислити, поготово не према модерним мерилима. О овом преплитању мора се водити рачуна ако желимо да адекватно схватимо стварност Цариграда, па тако и стварност руске црквене историје. Треба при том подсе-

---

[29] Тако гласи наслов једног поглавља у његовој књизи *Византијски миленијум* (прев. на српски Ранко Козић), Београд, 1988.

тити да једна модерна представа о држави само условно може да се примени на Византијско царство, а једва на Кијевску Русију.

Када је реч о почецима руске цркве, мора се имати у виду њена правна повезаност са Цариградом. Она се изражавала тако што су се у литургији морали поменути не само велики кнез и митрополит него, чак пре њих, византијски цар (дакле поглавар једне стране земље), као и цариградски патријарх. Тек са порастом московске самосвести, ово спомињање је прекинуто на прелазу XIV у XV столеће.

У складу са византијском традицијом, обликовао се и однос двора и цркве у Кијеву. Кнез је фактички одређивао оквире у којима је црква деловала, а да се то никада није сматрало неким посебним ограничавањем. Црква није била конкуренција двору, него пре његов саставни део. У разним приликама кнежеви су били ти који су преговарали са другим моћницима или са представницима грчког православља о стању у цркви и неретко су именовали епископе. Христијанизација није била никакав резултат успешних мисионарских напора, него резултат политичког и војног деловања државе. Супротно овоме, митрополити су повремено, пре свега у тешким политичким приликама (рецимо, у случају кнежеве смрти), могли да врше државне функције, да преузму регентство или да се ангажују у стабилизовању прилика и да сачувају континуитет.

Један даљи показатељ односа између цркве и државе јесте и политика канонизације. Све до московског раздобља претежни део свих проглашавања за свеце односио се на кнежеве. Први су били браћа Борис и Глеб, који су канонизовани у XI столећу. Ови су били синови Владимирови и изгубили су живот у борби његових седам синова око наследства. Њихов брат Јарослав Мудри, који је 1019. први пут постао велики кнез, а од 1036. па до смрти 1054. владао сам, побринуо се за канонизацију своје браће који су у хришћанској понизности и без опирања прихватили погубљење које је наредио њихов брат Свјатополк. Тиме је, у ствари, на делу била и једна политичка одлука: Јарослав је имао легитимност за своју владавину – јер су противници његовог ривала били мученици а овај њихов убица – као и за стабилизовање династије, што му је и успело.

И у временима која су долазила, проглашење светаца је увек био начин да се пошаљу политичке поруке. На саборима из 1547. и 1549. године канонизовањем многих светаца истакнут је захтев за руску самосталност. Међу новим свецима били су многи ратници и владари, што је требало да обезбеди легитимност царевини којој се тежило. Један од најважнијих светаца руске цркве био је Александар Невски, као такав поштован од XIV века, победник над Швеђанима и Тевтонским редом. Приказиван је увек не само као светац, него и као победнички кнез и витез, нарочито у временима претњи са запада. Чињеница де се радило о хришћанском свецу није сметала ни Стаљину који га је после немачког напада на Совјетски Савез, не само помоћу Ејзенштајновог филма, него и преко плаката, летака и других медија, узео за симбол победничког ратовања Русије против Запада.

Извесну аутономију црква је имала у време Татара. Уживала је заштиту поседа над земљом и грађевинама и била ослобођена пореза; поред тога, гарантовано јој је да неће бити прогоњена, што је било у сагласности са исламским верским правом. Постојао је чак и правни однос између Златне хорде и православне цркве, тако што су Цркви та права потврђена и формално једним документом (тзв. јарликом). Од цркве се једноставно тражило да се моли за кана – ово је необична размена, јер се ипак радило о поробљивачу земље коме су кнежеви били дужни да плаћају данак. Ово креативно унапређивање *сазвучја* потпуно је било у православном духу: држава која је штитила православну цркву могла је за узврат да захтева лојалност. Вековима касније, васељенски патријарси једва да су се друкчије односили према османлијским владарима. Зато није изненађење што црква овај привилегован положај, који је уживала у време Татара, није касније у време руске независности искористила тако што би и од великих кнежева захтевала сличну аутономију. Сматрало се, једноставно, да под православним владаром једна таква аутономија више није неопходна.

Црква је 1261. у Сарају, престоници Златне хорде, установила и сопствену епархију. Сврха никако није била мисионарење, него да се тако усмерава црквени утицај на Златну хорду. То је још једна ознака аутономије коју су Монголи допуштали цркви. У то време веза која је уједињавала „Руску земљу" нису били кнежеви, него црква. То није значило да је у једној фази слабости државе победила црква него, сасвим супротно, да је у време опасности управо црква, као један од два елемента који су се допуњавали, а који су за „Руску земљу" били од централног значаја, знала де је одговорна за опште добро. Ни овде се не ради о спорењу између цркве и државе у погледу водеће улоге.

Са растућим значајем Москве и снажењем државе, јавиле су се идеје да треба поткрепити теолошке основе величине Москве. Представа о Москви као Трећем Риму већ је поменута. Такође, треба поменути симболичке наговештаје преношења значаја Византије после њеног пада, а међу њима и брак великог кнеза Ивана III са сестричином последњег византијског цара. У литератури се отада за московску државу све више употребљава појам *царство*, царевина, што је превод грчког *basileia*, чиме јој се, дакле, придаје религијска конотација будући да се ради о новозаветном појму за Царство Божје. Свака православна литургија почиње узношењем „царства" Оца и Сина и Духа светога – именовање сопствене државе „царевином" не може се, дакле, разумети као нешто неутрално.

Како се понашала црква у овој новој ситуацији? Она сама је после Сабора у Фиренци и његових резултата постигла канонску независност од Цариграда, тако да је то сада независна црква у једној држави која постаје све моћнија. Дискусија о ставу цркве одвијала се пре свега у монаштву, и она треба да се сагледа првенствено у вези са спорењем око црквеног поседа између Нила и Јосифа. Црква се коначно одлучила између пута подршке држави и повратка на аскезу. Премда је аскетско усмерење један од темеља православне традиције, с обзиром на традиционални однос цркве и државе, ипак треба проценити у ком правцу је ова одлука могла да иде. У црквеној литератури тога времена присутне су како опомене великим кнежевима да поштују права цркве, тако (на истом месту) и есхатолошки обојене идеје које московску царевину схватају као последње царство и опомињу о нападу на предату традицију – то је став који је требало да се артикулише увек изнова у форми отпора против новотарија, а првенствено против утицаја из иностранства са Запада. Ово, истина, није била државна доктрина, али јесте мотив који се често могао пронаћи на црквеној страни.

На овом примеру добро се види да представа о историјском простору не обухвата само претходно дати „структурни простор" а такође ни политички променљиви „обликовани простор", него „простор перцепције": област која је структурирана географским чињеницама, пре свега речним токовима, а „окупљањем руских земаља" добила свој облик, постаје нешто јединствено по Божјој вољи, и као такво се види и тумачи се као царство до краја времена. Подразумева се, наравно, да је тиме стечена и легитимност владавине.

Под Иваном IV „Грозним" не само да је руска држава добила нову форму, него се и однос према цркви поново снажније оријентисао ка византијском моделу, што је потом (у сваком случају, после Иванове смрти) дошло до изражаја у њеном подизању на ранг патријаршије 1589. године. Ипак, укупно гледајући, грчки узор је сада све слабији; пошто је Византијско царство већ више од једног века било историја, Грци који су живели под Османлијама нису могли да представљају идеал. С друге стране, после победе јосифоваца, оријентација према византијском моделу није више била тако прихватљива јер тамо манастири за државу нису имали тако велики значај.

Јачем наглашавању московске државне мисли допринео је пре свега московски митрополит Макарије (1482–1563). Он је наглашавао руску црквену традицију и под његовом је егидом и дошло до поменутих канонизација. Установио је минеје, дакле, житија светих која су била уређена према календару и која су се једна за другим могла читати на литургији или у манастирима. Минеји су били снажно прожети руском идејом и подржавали су провиденцијалан начин гледања на руску државу: сâмо Божје провиђење одредило је да московско царство постане оно што јесте. Макарије је 1547. чинодејствовао на крунисању Ивана IV за цара, које је изведено по византијском церемонијалу, истини за вољу, тек после признавања титуле од стране васељенског патријарха у Цариграду. Митрополит је извршио огроман утицај на (тада 16-годишњег) цара, и тек после епископове смрти овај је радио све оне грозоте које су му обезбедиле познати надимак.

Иван Грозни је сопствену улогу разумео као вољу Божју. Са католичким изаслаником Антонијем Посевином, језуитом који је 1582. неколико месеци боравио у Москви, водио је теолошке диспуте и то захваљујући сопственом теолошком образовању. Руска црква имала је своје стабилно место у државном систему; била је чувар пренесеног наслеђа и истовремено је подржавала цара. У томе се разликовала од грчке традиције, што Посевину није било јасно јер је држао да је и руско православље само једна варијанта „грчке вере".

Питање односа према грчком узору за руску цркву је с временом бивало све тескобније. Томе су доприносиле првенствено различите верзије литургијских књига које су настајале због преписивачких грешака и разлике у преводима. Разлике су постале јасне из контаката са грчким простором и са православним хришћанима на Балкану. Тим питањем, које је после првих штампаних издања (после 1563) постало још вирулентније, пошто је сада било могуће уједначење, бавио се Синод у Москви 1525. и 1531: поставило се питање текстуалних узора за штампу, што је, у расправи, требало да води коначном разилажењу са староверцима.

Дилема између старије грчке и руске традиције поставила се и пред Стоглави синод 1551, који је сазван на државну, а не на црквену иницијативу: цар је постављао конкретна питања на која су епископи формулисали одговоре. Ови одговори показали су суздржани и конзервативан карактер руске цркве и једним делом кретали се врло далеко од традиције грчке цркве. Утврђивање руског начина, „крст са два прста", према коме је наређено било прекрстити се с два прста, послужило је староверцима после више од једног столећа као снажан аргумент у тренутку када се црква више окренула грчком узору и у складу с тим прописала да се крсти „са три прста".

У раној руској црквеној историји испољава се, дакле, скоро симбиотска веза између државе и цркве. И то, наравно, није руски изум, него наставак *сазвучја*. Током руске историје појављивали су се специфични елементи који су до краја XVII столећа обликовали односе држава – црква у Русији. Промена је такође и последица настанка модерних држава као владавинских система које једноставно више нису биле значајније оријентисане на личност владара. Последице су биле настајање управе, стварање институција и слични феномени. Овај развој је у Русији снажно везан за личност Петра I и за реформе које је он спровео.

5.2 Руска црква и просвећена држава

Просветитељске идеје дошле су у Русију са Петровим реформама. Петар Велики је својим променама црквеног устројства, које су се најдубље урезале у руску црквену историју, начинио у ствари дубок заокрет. Дуготрајан отпор цркве према западним утицајима сломљен је административном силом и црква је била принуђена да уђе у један систем који је осећала као стран и непримерен, али против кога није имала средства да се одбрани. Отуда није изненађење што и данас у руском православљу постоје људи који у тим променама, чак и у просветитељству уопште, виде исконско зло и најрадије би цркву вратили у време пре Петра. При томе се најчешће превиђа да се историјски развој не може окренути уназад.

Први Петрови наследници већином су били слаби и нису дуго владали. Тек је са Катарином II („Великом") на власт дошла једна царица која је даље развијала Петрове идеје и која је покушала, и у односу на цркву, да даље спроводи његове просветитељске намере. Њен муж и непосредни претходник на престолу био је Петар III, преобраћени лутеранац немачко-руског порекла, који је владао само пола године. Он је безуспешно покушавао да протестантизује цркву, тако што је забранио иконе, а свештеницима хтео да пропише бријање и цивилну одећу. Оно што му је 1762. ипак пошло за руком била је секуларизација црквених добара, чему су његови претходници узалудно тежили више столећа. Црква, додуше, покушала је да се одбрани, али није била у стању. Округло милион сељака, као и њихове породице, који су до тада „припадали" цркви, сада су као „државни сељаци" били слободни; земља коју су ови обрађивали прешла је у државну својину. Од неких 1000 манастира затворено је 600. Ове мере је, после његове смрти, за две године коначно спровела његова удовица.

Катарина Велика, рођена као немачка принцеза Софија од Анхалт-Цербста, била је присталица француског рационализма и просвећености. За разлику од Петра, она није била заинтересована за религију; јесте била православни конвертит, али није потицала из православне средине и сматрала је да су православље и протестантизам врло блиска верска уверења. За њу је црква била једна световна институција која је требало да буде подређена држави и државном разлогу; у поређењу са „општим добром", које је још и за Петра било у првом плану, то је била извесна модификација. Према том становишту, она је могла себе да означи као „поглавара цркве".

Мере Катарине II имале су за цркву негативне финансијске учинке. С друге стране, биле су у вези са захтевом да се подигне образовни ниво. Царица је завршила секуларизацију црквених имања, коју су почели њени претходници, и тиме изазвала отпор углавном код епископа који су долазили из Украјине. Последица је била да су опет епископске столице држали већином Руси. Отпор према овим мерама постојао је у клиру само појединачно, а једва икакав унутар епоскопата. Образложење за развлашћивање било је у томе што је држава цркву сматрала државном установом, тако да су овој првој следовали приходи (независно од једне шестине која је препуштена цркви). Стварни разлог били су повећани државни издаци, посебно за ратне подухвате. Тако црква није више била равноправна са државом ни у финансијском погледу.

Просветитељски став није се односио само на православље, него у принципу на сваку религију. Другим религијама и хришћанским исповестима гарантована је релативна слобода у једном указу о толеранцији из 1773. године. Ширење староверца није више смело да се спречава, а њихови успешни трговци били су важни за државу, тако да су мере уведене против њих биле ублажене. Језуити, које је Рим забранио, позвани су у Русију и тамо су се могли организовати. За католике су основане бискупије. Оне су у првом реду служиле да преузму унијате чија је црква потискивана; Русија је померила своје границе према западу тако да је сада поред Јевреја имала и становништво које је припадало грко-католичкој цркви, која, међутим, није толерисана. У „Великој инструкцији" из 1766. године Катарина је установила нужност верске толеранције због „мира и сигурности поданика"[30] у тако великој царевини која је владала многим народима.

Године 1786. раздвојени су црквени и државни школски систем, што је за последицу имало побољшано финансирање црквених школа. Изворна идеја још одраније, да се теологија прикључи универзитету (први пут учињено у Москви 1755), није више била актуелна. Зато је тежиште стављено на унапређење образовања свештеника. Такође је растао број школа при епархијама. Похађање тих школа било је условљено тиме што су синови свештеника очево место могли да наследе једино ако су завршили школу. Ако то није био случај, морали су да прихвате војну службу. На прекретници XVIII и XIX столећа било је 42 такве школе. Упадљиво је да је већина тих школа била у Украјини. У школама су постојали бројни проблеми: клир није схватао нужност образовања, настава је често била на латинском језику који су ученици једва разумели, и владала је оштра дисциплина. Укупно узевши, ове школе ипак јесу доприносиле поправљању стања образованости, поготово што су најчешће представљале једину могућност да неко стекне образовање. Коначно, циљ просвећене државе и јесте био да има образоване свештенике.

Сами свештеници живели су од наплаћивања прилога за свете тајне и друге свештене радње, од плате коју су примали од своје парохије, као и – најчешће – од земље која

---

[30] Извод на немачком у: *Die Orthodoxe Kirche in Rußland*, изд. P. Hauptmann/G. Stricker, Göttingen 1988, 450f. Издање „Инструкције" (са паралелним руским оригиналом и немачким преводом) појавило се у Риги 1768 (репринт у Франкфурту 1970).

им је стављана на располагање и коју су обрађивали као и други чланови парохије, често занемарујући пастирске дужности. У XIX столећу чињени су покушаји да духовници примају државну плату, али без трајнијег резултата; ипак, клир је живео у врло скромним условима. Фактичка наследност парохија, која се у Русији (али не и у украјинским областима) уз подршку црквене хијерархије практиковала до друге половине XIX столећа, довела је до тога да се појавило нешто слично свештеничкој „касти", да је настао један социјални слој који је имао мало везе са остатком друштва и чија је мобилност била релативно слаба. Отуда по правилу њихов углед није био висок. Када су поповски синови после једне реформе семинара 1867. добили могућност да бирају друге професије, то је довело до мањка образованих свештеника и до рукополагања недовољно образованих кандидата, што је за цркву било карактеристично све до револуције 1917. године. У „раздобљу Синода" за епископе, сасвим супротно, су именовани учени монаси који нису поседовали ни пастирско ни монашко искуство.

Потчињеност цркве држави било је видљиво кроз бројне, често симболичне детаље. Цареве су крунисали престонички митрополити и у складу са византијском традицијом, помазали их (источна теологија је тај акт неко време сматрала светом тајном), али цареви су сами себи стављали круну на главу: цар је био аутократор, он своју власт не прима ни од кога, него влада сам као такав. Свештеници могу да се присиле да одају тајну исповести ако се ради о деликту против државе. Добро државе било је на првом месту.

У таквим околностима руска црква развила се у државну цркву у том смислу што је била подређена држави и од ње зависила. Радило се о једној потпуно другачијој ситуацији него што је била паралелност државе и цркве која је владала на почецима. Важан узрок овоме била је истрајност цркве у одбијању сваке промене, посебно оних које су долазиле са Запада. Основано нужан развитак и прилагођавање промењеним условима наметнути су, отуд, државним мерама и против воље цркве. Црква више није имала могућности да утиче на однос према држави, која је цркву у XIX столећу значајно финансирала, нити поготово на сопствено унутрашње уређење.

У првој половини XIX столећа самосвест руске државе окарактерисао је Сергеј Уваров, под Николајем II министар народне просвете од 1833. до 1849, познатом формулацијом „самодржавље, православље, народњаштво". Поред монархистичког облика државе, за који се сматрало да није ни дарован ни уведен споља, и руског „народњаштва", православље је било један од елемената који су чинили и прожимали државу. Религиозна димензија овде једва да има икакву улогу, црква се схвата као институција која носи и подупире државу.

Средство којим је држава контролисала цркву све више је био Владајући синод. Петар I и Теофан Прокопович, творац Синода, нису то тако предвидели; они су хтели да за руковођење црквом створе један црквени инструмент и да цркву сачувају унутар новог система државе. У функцији оберпрокуратора свакако је била присутна могућност да држава контролише цркву, што је у XIX столећу и реализовано. У XIX столећу уведена је и функција „консисторијалних надсекретара"; то су били представници Синода у појединачним епархијама, који су могли да контролишу епископе.

5.3 Црква под комунизмом

Револуција из 1917. радикално је променила једну основну претпоставку која раније никада није довођена у питање – само постојање цркве: нова комунистичка држава сматрала је цркву непријатељем кога је хтела да уништи. С обзиром на бројне грађане који су били верници, она то није могла да изведе једним ударцем, али није дуго потрајало док јој није успело да цркву у њеном устројству скоро потпуно разори. Црква се тако први пут нашла у ситуацији да господари не само да нису били њени припадници, него нису хтели ни да је толеришу. Према становишту револуционара, црква није била битна за добробит и напредак државе, него управо препрека.

Утолико се подразумева да су прве мере после Октобарске револуције биле раздвајање државе и цркве као и цркве и школе. Првобитна идеја да се религија једноставно прогласи за приватну ствар, Лењиновом својеручном интервенцијом промењена је тако да је први став декрета гласио кратко: „Црква се одваја од државе." Фактички, црква тако јесте одвојена од државе, али држава није одвојена од цркве: држава се увек изнова, директно или индиректно, у случају нужде и врло снажно, када јој се то чинило исправним мешала у црквене послове. Црква, напротив, није имала никаквих могућности да делује на совјетску државу.

Управо у лето 1917, под „Привременом владом", држава се све више и више повлачила из црквеног домена. Укинут је оберпрокураторијум и замењен министарством за вероисповести, које је сматрало да је православна црква аутономна корпорација. Слобода вероисповести утврђена је законом, што је за православну цркву био крај привилегованом положају. Школе црквених општина изузете су из црквеног надзора и подређене министарству. Али све ове одредбе остале су на снази само неколико месеци.

Међу мере комунистичке владе после октобра 1917. спадало је подржављење све још преостале црквене земље и предаја свих школа под надзор народном комесару за народну просвету. Чак су сада постале државне и матичне књиге рођених и матичне књиге венчаних. Веронаука је забрањена. Свако позивање на религију пред државним инстанцама, рецимо, пред судом, било је забрањено, а верске заједнице биле су приватна удружења без права да поседују имовину. Тиме су црквена здања постале својина државе, која их је, према потреби коју би сама дефинисала, могла да уступа верницима.

После краћег периода опрезног ишчекивања на обе стране, нагло је дошло до ескалације прогона православне цркве. Бољшевици су, када им је то било опортуно, подржавали друге цркве. Тако су, рецимо, развили врло опрезне односе са Ватиканом; за време велике глади 1921/22. у Русију је стигла посебна папина мисија помоћи. У Украјини, бољшевици су подржавали неканонску „Украјинску православну цркву", која је себе сматрала изразом националне еманципације од руске доминације.

Тињајући конфликт између цркве и државе избио је око питања уступања литургијских предмета које је требало продати ради куповине хране како би се ублажила глад. Избегавање цркве да посвећене предмете стави на располагање у ту сврху било је за државу повод да пуном снагом крене против ње. Државна пропаганда против религије постајала је све гласнија и изрицано је све више и више смртних казни против духовника.

На крају, у мају 1922. ухапшен је патријарх Тихон (Белавин) и више од годину дана задржан у затвору. За време његовог заточеништва у новинама је објављена патријархова „Изјава о лојалности", за коју се данас зна да је била фалсификат властодржаца. У њој је овај требало наводно да изјави да сада „више није непријатељ совјетске власти"[31]. Ни после његовог ослобађања, некакво ваљано руковођење црквом више није било могуће. А након патријархове смрти 1925. године објављен је његов тестамент, вероватно такође фалсификован, у коме он вернике своје цркве позива на лојалност према совјетској држави.

Држава је против цркве кренула на два нивоа: прво су у великом броју били хапшени, осуђивани и убијани духовници и чланови манастирских обитељи. Првих пет година совјетске власти црква је изгубила око 23.000 свештеника, калуђера и монахиња, међу којима и неколико десетина епископа.[32] Многи други држани су у логорском заточеништву, првенствено на острву Соловке у Белом мору, који је основан као логор за свештенство. Осим тога, затворене су многе цркве и манастири. Поглаварство цркве није могло нормално да функционише већ и због тога што је већина чланова Синода била у затвору, а после патријархове смрти ниједан од тројице вршилаца дужности, које је овај одредио до момента избора новог патријарха, није могао да прими овај задатак. Уз ово су ишле и мере које су цињале на вернике, као што је укидање државне гаранције црквених празника или (касније поново опозвани) покушај да се недеља претвори у радни дан.

---

[31] *Die Orthodoxe Kirche in Rußland*, изд. P. Hauptmann/G. Stricker, Göttingen 1988, стр. 695.

[32] G. Stricker, *Religion in Rußland*, Gütersloh 1993, стр. 86.

Други начини били су подржавање група које су цепале цркву. Ту прво треба поменути „обновитеље" чија се организација називала „Жива црква". Радило се о људима који су потицали из цркве – међу којима испрва и два свештеника – и који су симпатисали са бољшевицима и захтевали црквене реформе. Ове су реформе далеко превазилазиле све о чему се озбиљно расправљало на Помесном сабору 1917: уместо староцрквенословенског у литургији треба да се користи модерни руски језик, свештеници треба да се жене и после рукополагања, односно, да се поново жене и у случају да остану удовци, епископи смеју да се жене, а литургија треба да се скрати. Влада је свом снагом подржавала обновитеље. Њихови припадници били су поштеђени прогона, и чак су у процесима против свештеника наступали на страни оптужбе. После хапшења Тихона, одмах им је било омогућено да преузму управу над патријаршијом. Посебно су им стављене на располагање црквене зграде. Тихона су они сами прогласили за смењеног, а изречене екскомуникације против њих сами су себи укинули.

Интересантно је да обновитељи нису наишли на одзив код верника, премда су им се прикључили поједини епископи и свештеници и основали један синод који је 1935. замењен и патријархом. Могуће је да су таквом нечем првенствено допринели познати скандали око водећих чланова покрета и уздржаност пред предлозима за обнову. После 1925. ослабила је и државна подршка јер је постало јасно да обновитељи не могу да ставе под контролу цркву у целини. Када се 30-их година општи терор појачао, нису били поштеђени ни обновитељи. У сваком случају, поједини свештеници и епископи до 40-их година остали су при обновитељској цркви, која тада нестаје са историјске сцене.

Мотиве обновитеља није једноставно схватити. Извесно је да су важну улогу играла лична незадовољства, као и покушај да се религиозност повеже са социјалистичким погледом на свет. Обновитељи су се вратили на питања и теме који по њиховом мишљењу нису на задовољавајући начин решени на Помесном сабору 1917. године. Према њиховом мишљењу, православље у дотадашњем облику није више било способно да преживи и морало је радикално да се промени да би у новим политичким околностима нашло места у друштву. Власти, супротно томе, никада нису биле заинтересоване за цркву па макар она одговарала и бољшевицима. Њихов главни циљ је био да разоре јединство руске цркве, премда су били свесни да није могуће одвајања свих верника од цркве у једном кратком времену.

Ни опрезни покушаји патријарха Тихона да се приближи режиму, нити познате изјаве лојалности митрополита Сергија (Старогородског) из 1927. године нису сачували цркву од даљих прогона. Закон о религији из 1929. године ограничио је све верске активности на „обред", дакле на богослужбено слављење унутар црквеног здања; тиме је била забрањена свака друга брига за паству. Такође је било забрањена настава веронауке лицима млађим од 18 година, као и у групама. Једино је, дакле, било могуће држати катихезу одраслима појединачно. Колективизација земље довела је верски живот на селу скоро потпуно до замирања. Сасвим супротно овој пракси, Устав Совјетског Савеза из 1935. свим грађанима гарантовао је „слободу обављања верских обредних радњи и слободу антиверске пропаганде"[33].

---
[33] *Die Orthodoxe Kirche in Rußland*, изд. P. Hauptmann/G. Stricker, Göttingen 1988, стр. 748.

Када је властодршцима постало јасно да религија неће нестати ни сама од себе, нити као резултат до тада примењених мера, појачали су пропаганду. Као научни принцип проглашен је „атеизам", овај је заведен на катедрама где је методама природних наука требало да се докаже да Бог не постоји и да религија потиче из човекове уобразиље. Да би се ширили атеистички назори, основане су групе и покрети, „безбожници" и „борбени атеисти", а и бројне публикације ухватиле су се ове теме. Истовремено, појачан је култ хероја, који је требало да допринесе да се пресретну религиозни елементи. Кад је 30-их година почео општи терор, веома је тешко направити разлику између верских и општих прогона.

Држање совјетске државе према православној цркви мењао се из прагматичних разлога. Немачки Вермахт је 22. јуна 1941. напао Совјетски Савез. Митрополит Сергије још истог дана (дакле, читаву седмицу пре Стаљина!), у окружници пастирима и верницима своје цркве позвао је у борбу против нападача.[34] Црква је скупљала је новац међу верницима и приложила знатну суму новца „фонду за одбрану" из кога је требало да се финансира наоружање за Црвену армију. Из ових прилога посебно је финансирана једна тенковска јединица која је названа „Димитрије Донски", као подсећање на победника над Татарима, и летачки одред под именом „Александар Невски", победника над Швеђанима и Тевтонским редом.

Митрополитова реакција значајно осветљава однос државе и цркве у руској традицији. Совјетска држава је цркву прогонила и разорила скоро до потпуног нестанка. Али у случају спољне претње ова се одмах и без оклевања ставила на њену страну. У областима које су запосели

---
[34] Исто, 750f.

Немци било је представника цркве који су сарађивали са окупатором. То је било повезано са црквеном политиком немачких власти, које су цркву свесно фаворизовали да би добили поверење народа и да би усмерили расположење против Совјетског Савеза. Али у целини је црква подржавала борбу Совјетског Савеза. То није значило одобравање злодела које је режим починио, него, у најбољем случају, знак признавања реалности совјетске власти, али је пре свега указивало на то да се држава, упркос свом декламаторском интернационализму, ипак сматрала „руском", па је тако то била држава коју је црква признавала као своју.

Држава је прихватила црквену подршку. Престали су активни покушаји да се онемогући постојање цркве. Већ 1943. дошло је до историјског сусрета тројице епископа и Стаљина, којом приликом је црква добила дозволу да изабере новог патријарха. После 18 година као управник патријаршијске службе, митрополит Сергије одређен је за Тихоновог наследника, али је умро после неколико месеци. Ипак, и после њега могао је да буде изабран наследник, Алексиј I (Симански), који је на челу цркве био до 1970. године. После његове смрти изабран је 1971. патријарх Пимен (Извеков), а после њега Алексиј II (Ридигер), непосредни претходник садашњег патријарха Кирила (Гунђајева).

Такође, власти су цркви омогућиле један број активности које до тада нису биле допуштене. Црква је могла да издаје „Часопис московске патријаршије" и поједине књиге, а могла је поново да отвори и установе за школовање свештеника. Црквени живот постепено се консолидовао, премда на нижем нивоу. Често су због недостатка свештеника рукополагани поуздани људи без одговарајуће спреме, да би се касније допунски образовали на ванредним теолошким курсевима и стицали сведочанство. Совјетски Савез је после Другог светског рата добио области које су раније углавном припадале Пољској, а добио је назад области које су окупирали Немци. У црквени живот који је тамо цветао совјети испочетка нису дирали, тако да се број парохија, пре свега број манастира Руске православне цркве, нагло повећао. Међутим, грко-католичка црква у западној Украјини је 1946. укинута и присиљена да се прикључи руском православљу. Већ и тиме је значајно порастао број црквених општина. Следећих деценија већина парохија руског православља налазила се у западној Украјини, а и највећи број свештеника долазио је оданде.

Политика совјетске владе према религији после рата темељно се променила. Црква више није била изложена директним прогонима. Држава је на крају цркву прихватала као реалност која је била присутна у Совјетском Савезу, а под контролом је настојала да је држи административним мерама. Црква је имала веће могућности да делује или, боље речено, у поређењу са временом непосредно пред рат, она је уопште имала неке могућности да делује. Формиран је „Савет за питања православне цркве" при Министарском савету Совјетског Савеза, који је убрзо преименован у „Савет за верска питања". На нивоу совјетских република и области као управних јединица постојали су аналогни савети. Тако су уређени односи између две стране, премда ти односи нису били равноправни. Ако би црква сматрала да је третирана неправедно или самовољно, она је пред властима могла да изнесе ту тему. Мере против цркве имале су у најмању руку привид легалности.

У процесу дестаљинизације, који је крајем 50-их година отпочео под Никитом Хрушчовом, опет је заузет оштрији курс према цркви. То је представљало противтежу према „јастребовима". Не сме да се заборави да је Стаљин упркос терору код многих уживао висок углед, са једне стране као победник у Другом светском рату, а са друге као властодржац под којим је владао ред. Обарање култа личности и других елемената стаљинистичке политике промишљено је пратио антицрквени курс. Тада су, касних 50-их и раних 60-их година, затворене бројне парохије и манастири, међу којима и кијевски Печерски манастир, а епископи који су били „превише активни" пензионисани су. Држава је такође покушавала да уходи цркву. Агенти тајне службе убацивали су се у богословије и тамо покушавали да за сарадњу са службом придобију активне свештенике и епископе. У Русији после краја комунизма није било отварања архива тајних служби, али је из појединих докумената познато да неки епископи нису са сарадницима КГБ водили само информативне разговоре, него су и сами били припадници службе. На Западу се код већине оних који су били погођени то ионако претпостављало.

Истовремено је Совјетски Савез покушавао да Руску православну цркву искористи за своје спољнополитичке циљеве. Један од начина за то били су и екуменски односи. Управо је 1948. у Москви одржана једна скупштина представника православне цркве на којој је вехементно одбијен екуменски покрет, као и сваки контакт са католичком црквом. Онда је 1961. руско православље приступило Светском савету цркава, а руски представници послати су у Рим на Други ватикански концил (1962–1965). Односи су и данас изразито спорни. Несумњиво је да су представници руске цркве у међународним односима заступали становиште владе, али је исто тако ван сумње да је то за цркву била могућност (ако не и једина) да дође у контакт са представницима страних цркава и да је та могућност коришћена и изван формалне и официјелне равни. Као важну личност у том контексту треба поменути лењинградског митрополита Никодима (Ротова); он је 1961. увео Руску православну цркву у Светски савет цркава и ојачао екуменске односе са католичком црквом.

И за време шефа државе и партије Леонида Брежњева, који је дошао после Хрушчова, важило је начело да су опрезно отварање у друштву пратила ограничавања простора деловања цркве. Патријарх и епископи имали су да оправдавају совјетску политику и да поричу ограничавања верских слобода. Управо је партија могла увек изнова да се увери како баш код млађих људи постоји интересовање за верска питања. Године 1975. доспео је на Запад један извештај „Савета за верска питања", у коме се описује стање у цркви са становишта власти. У овом извештају епископи се деле у три групе – они који спадају у прву описују се као лојални властима и патриотски, епископи из друге групе као лојални али и активни у цркви, док они из треће групе „покушавају да заобиђу закони о обредима"[35]. Дакле, после толиких деценија различитог понашања према цркви, држави није успело да је потпуно стави под контролу. Црква је ипак званично подржавала борбу за мир Совјетског Савеза не само речима, него и делима, када су се на конференцијама представници вере изјашњавали за разоружање, а и материјално помагали државне фондове за мир. Патријарх Пимен (1971–1990), носилац Ордена црвене заставе за рад, имао је исте привилегије као и чланови Политбироа, а

---

[35] Исто, 885.

у случају болести лечио се у кремаљској болници за истакнуте личности. Због овог побољшаног односа црква једва да је била у нешто бољој ситуацији на унутрашњем плану, али је могла редовно да одржава спољашње контакте.

У Совјетском Савезу оквире црквеног деловања увек је утврђивала држава. Све док је то прихватала, црква је после 1945. могла да делује; када је покушавала да их прекорачи, бивала је заустављена. Било је јерарха који су ове границе строго поштовали па нису страдали, али било је и оних других који су дати простор вешто користили и чак покушавали да га прошире. Државне власти са своје стране трудиле су се да цркву држе под контролом углавном административним мерама. Мирјани који су се верски ангажовали морали су да сносе штетне последице. То је важило пре свега за младе људе, за припаднике „осетљивих" професија – као што су, рецимо, учитељи – и за интелектуалце. Због превише активности или због негативних изјава о властима бројни свештеници и епископи били су црквено кажњавани. Црква данас повремено трпи прекоре да се у време совјетског времена компромитовала због превелике блискости са државом. Ипак, тај однос цркве према држави треба разумети имајући у виду, са једне стране, руску традицију и историју, са друге стране, врло је тешко оцењивати понашање цркве, поготово из спољашње перспективе и с обзиром на неуобичаје прилике у којима ј она морала живети. О понашању цркве за време и после прогона од 1959. до 1964. остала је реченица митрополита Никодима, наиме, да држава никада више не сме да осети да без цркве може успешно да наступа. Блискост са државом и лојалност значиле су отуда и извесно зауздавање државе од стране цркве; држава више није могла да се понаша као пре светског рата.

5.4 Црква и државни идентитет после 1991. године

Прослава хиљадите годишњице крштавања Руса 1988. значила је за Руску православну цркву прекретницу: ако је на почетку совјетска политика перестројке према цркви још и била уздржана, какав је уосталом био и став цркве према према Горбачову, сада су обе стране показивале спремност да се приближе. Представници цркве су били чланови Врховног совјета за који се реформски оријентисани шеф партије постарао да делује заправо као парламент са великим овлашћењима. После смрти патријарха Пимена, који је важио као представник старе епохе, за новог патријарха је изабран релативно млад и међународно искусни митрополит Алексије. Совјетски Савез је 1990. донео један веома либералан закон о верама који је свим верским заједницама гарантовао велике слободе, тако да је и забрањена грко-католичка црква у Украјини могла опет званично да делује. За њу су се убрзо определили многи који су до тада формално припадали руском православљу. Ово је довело до великих губитака верника и целих парохија.

Црква је у јавности добила дотад непознати углед. У медијима су се сада појавиле црквене теме, представноци цркве су могли да се појаве пред микрофонима и камерама, а Руси су се упознавали са верским обичајима и садржајима за које се сматрало да су заборављени или су стварно били пали у заборав. Многи су се крстили, оснивале су се нове парохије, а јавна предавања са религијским темама биле су веома посећена. Промене у XX столећу могу се приказати кроз статистику броја православних парохија на територији Руског царства, Совјетског Савеза и Заједнице Независних Држава[36]:

---

[36] За 1914: *Das Gute behaltet*, izd. U.-Chr. Diedrich u. a. Erlangen 1996, 30; за 1940: G. Stricker, *Religion in Rußland*, Gütersloh 1993, 91; за 1946–1991: N. Davis, *A Long Walk to Church*, Boulder 1995,112; за 2007: www.mospat.ru/index.php?mid=215 (скинуто 26. марта 2007).

Година	Црквене општине	Промене	Објашњење
1914	40.000		
1940	Испод 500		
1946	10.504		Многе од ових општина настале су у областима које је окупирао немачки Вермахт
1947	14.039	+ 34%	Насилна интеграција гркокатоличке цркве
1958	13.415	- 5 %	Период „отопљавања"
1966	7.466	- 44%	Прогони под Хрушчовом
1986	6.742	- 10%	„Стагнација", последице прогона
1991	10.118	+ 50%	После перестројке, крај СССР-а
1999	19.065	+ 88%	
2001	22.800	+ 20%	Територија ранијег СССР-а (укључујући Балтик)
2007	27.393	+ 20%	

Слобода вероисповести подразумевала је да су сада у свом деловању присутне не само раније ограничаване или сасвим забрањене верске заједнице, него и неке сасвим нове. Многе секте из Азије и Северне Америке почеле су да делују у Русији, често уз велику финансијску подршку. Римокатоличка црква почела је да делује тамо где је до тада била забрањена, али и у оним областима где до тада никада није било католика. Све то, као и поновно оживљавање уније у Украјини, Руска православна црква осетила је као претњу, поготово што се један број људи који су пре били православни или који уопште нису били религиозни, прикључио некој од поменутих верских заједница. Руско православље ни финасијски ни персонално ни концепцијски није имало могућности да се одупре овим процесима.

У лето 1991. дошло је до покушаја пуча против шефа државе Горбачова, што је крајем исте године довело до распада Совјетског Савеза. Неки епископи руске цркве подржали су овај пуч, други га нису одобравали. Када је 1993. изведен други пуч против тада већ руског председника Јељцина, могло се запазити нешто слично. То показује да је црква изнутра била подељена, да у њој има представника који су поздравили демократизацију земље, али и оних који су желели повратак на старе и тобоже стабилне односе. Испоставило се да је руско православље заправо било у тешком положају чим је у нејасним односима у држави било присиљено да одреди своју позицију.

Руска Федерација убрзо је преузела један део функција које су у погледу цркве традиционално имале раније руске државне формације. То се очитовало пре свега у томе што је 1997. донет нови закон о верама који је био значајно рестриктивнији од онога који је важио до тада, при чему су „традиционалним" религијама, како је то у закону формулисано, наиме православљу, исламу, јеврејству и будизму, признате знатне олакшице. Пракса је показала да и друге хришћанске цркве у Русији могу да имају могућности легалне егзистенције, при чему конкретно тумачење законских одредби увек зависи од локалних власти. Ова пракса је у сваком случају показала да држава ипак има у рукама инструмент помоћу кога према неомиљеним верским заједницама може да поступи више или мање строго.

Постоје индиције да и у извесном верском плурализму у Русији на неки начин наставља да живи традиција *сазвучја*. То важи за владавину обојице доскорашњих постсовјетских председника, Јељцина и Путина, а и за садашњег, Медведева. На православну цркву као већинску гледало се као на институцију тесно повезану са државом. Да би могла да се финансира, она је имала пореске привилегије. У државним установама као што су армија, полиција или тајна служба постоје капеле и духовничка служба. Пре одлуке о настави религије у школама државне власти су на многим местима увеле предмет „Основе православне културе", који је обавезан за све ученике, независно од њихове верске припадности. Учитељи за овај предмет образују се на новоотвореним катедрама за „културологију". Држава и црква заједно покушавају да произведу утисак о Русији као о традиционално и првенствено православној земљи. Русија стварно традиционално и већински јесте православна земља, али такође – премда потиснута – постоји и традиција атеизма, која данас многе људе оставља верски индиферентним, као што постоје и припадници верских мањина. И управо због тога поменуте мере изгледају као неприкладно државно фаворизовање православља.

У лето 2000. Архијерејски сабор Руске православне цркве усвојио је један обиман документ под насловом *Основи социјалне концепције Руске православне цркве*[37]. Документ обрађује мноштво тема из скоро свих области социјалне и индивидуалне етике, међу којима и однос цркве према држави. У њему црква описује државу као нужност у једном палом свету и од верника тражи послушност према држави – Павлова *Посланица Римљанима*, 13 – као и молитву

---
[37] *Основи социјалне концепције Руске Православне Цркве*, Беседа, Нови Сад, 2007.

за државу независно од верских убеђења носилаца њене власти. Црква, дакле, осуђује апсолутну државу, а од ње истовремено тражи заштиту за религију. Премда се *сазвучје* описује као идеал, црква ипак у свакој форми државе мора да извршава вољу Христову и да јој буде лојална; то важи чак и за државу која прогони цркву. Такође и држава, која је по свом погледу на свет неутрална према цркви, мора цркви да остави простора за деловање. У документу се чак право да се одбије послушност према држави признаје за случај када ова појединачног хришћанина или цркву хоће да примора да поступа против савести. Гледајући у целини, у овом тексту развој од теократских односа у старом Израелу до данашње либералне демократије тумачи се заправо као феномен пропадања.

Јасно је да је после комунизма Руска православна црква морала да тражи нову улогу у друштву и очигледно је да је она још није нашла. Односи између цркве и државе као и увек имају два лица, тако да тај однос не може да дефинише само црква и да се у сваком случају мора узети у обзир и понашање државе. Руска Федерација такође има интерес да себе дефинише, пошто су скоро све државне вредности, које су се сматрале важећим, крајем комунизма постале склоне паду. Председник Јељцин је чак једном приликом иницирао да се организује наградни конкурс и да се на нивоу земље тражи национална идеја Русије. Црква као заступник традиционалних вредности и као институција која је постојала још у предреволуционарној Русији, понудила се да као партнер обезбеди један свеобједињујући смисао. Проблематична је у томе чињеница што је у црквеној традицији у Русији постојао један дуги прекид и да црква није без даљњегаспремна за изазове модерних времена.

Дакле, у Русији постоји специфичан однос између државе и цркве, који је настао на историјском наслеђу Византије, потом се даље развијао у посебним руским околностима и, упркос свим догађајима у руској историји, ипак испољио своју доминантност. У неким аспектима овај однос темељно се разликује од модела који су настали на хришћанском Западу. Треба, наравно, имати у виду да се ради о једном феномену који је заједнички свим хришћанским традицијама: наиме, у односу држава – црква историјски се такође ради о томе да државе траже легитимност; штавише, модерним државама то је важније него предмодерним владарима и системима њихове владавине. Премда Запад није познавао принцип *сазвучја*, у самој конкретизацији, пре свега у модерно доба, могу се наћи западни примери који се не разликују баш толико много од ове византијске идеје. То важи за државе са католичком традицијом, за Шпанију и – са ограничењима – за Аустрију чак до XX столећа, али такође у потпуности важи и за модел државне цркве у Скандинавији или некада у немачким кнежевинама. На Западу је процес који је довео до нестанка ове тесне повезаности био спор и тежак, при чему је поступак раздвајања иницииран од стране државе а не од цркве. Истовремено, у западноевропским друштвима опао је значај религије. У Русији је дошло до насилног раздавајања државе и цркве, што није била слободна воља цркве, и то после векова велике блискости са државом, и сада се у трагању за новим државним идентитетом опет пита црква. Може се претпоставити да ће Руска православна црква у томе морати да понови болни пут западних цркава. Њој предстоји да пронађе своју улогу у једном демократском и плуралном друштву, према коме се Русија развија, упркос свим странпутицама. Пре свега, важно је да сваки покушај објашњавања улоге Руске православне цркве у држави и друштву мора имати у виду комплексност односа државе и цркве у Русији кроз историју.

6 ТЕОЛОГИЈА И РЕЛИГИЈСКА МИСАО

Теологија руског православља може се разумети једино у ширем контексту православне теологије. То се односи пре свега на „полазишта", дакле, на учење о теолошким принципима: постоје неки основни искази о теологији који су од патристичких времена заједнички свакој православној теологији и који је одређују. Подразумева се да је ове основне ставове руска црква преузела од Византије и дуго их чувала. А ипак, и у тим раним временима постоје и специфичности по којима се руска традиција разликује од византијске.

6.1 Византијско наслеђе

Православна теологија црквене оце и њихову теологију сматра нормом; у овом се концентрише и манифестује традиција цркве. Црквени оци, са друге стране, поставили су захтев да се не развија нова теологија, него да се пренесе само аутентично тумачење Христове поруке коју садрже Свето писмо и отачко учење. У темељима ова два основна става стоји делекосежан херменеутички проблем који се овде може само назначити. Светоотачка теологија до садашњости није дошла непромењена. Теолошка становишта није могуће током многих векова и у различитим ситуацијама и контекстима сачувати идентичним. Чак када је дословни текст и непромењен, нужно је присутан извесни развој и различити утицаји; у другачијим контекстима ови се увек различито тумаче и преносе. Православни уџбеници патристике које време црквених отаца продужавају све до садашњости, па садрже и поглавља о оцима XX столећа, заправо указују на релевантност овог проблема. У грчкој патристици тек се релативно касно јављају настојања да се хришћанско знање прикаже систематски. Ни у руској литератури тих напора није било пре XV столећа. Уза све то, појам „теологија" има другачије значење него на Западу, тако да би за епоху „Руске земље" пре ваљало употребљавати појам „теолошка литература".

Руси су на самом почетку сву своју литературу морали да преузму из Византије, а то значи да су скоро сва дела морала да буду искључиво преводи. Сматра се да је преводна књижевност до времена Монгола чинила 90% постојећих рукописа[38], а уз то код анонимних списа често није јасно да ли се ради о оригиналним делима или о преводима. Домаћа дела односила су се пре свега на летописе и житија монаха као и на (често стилизовану) проповедну књижевност, али нема спекулативне теолошке литературе. Требало је прво да се изгради оно што се зове теолошка култура, дакле клима у којој би било могуће бавити се теологијом. Осим тога, не сме се заборавити да су монаси, као примарни носиоци писмености, пре били склони да чувају традицију него да развијају оно што је креативно ново.

---

[38] G. Podskalsky, *Christentum und theologische Literatur in der Kiever Rus'* (988–1237), München 1982, стр. 246.

Прихватање хришћанства и његове теологије из Цариграда значило је и преузимање садржаја и облика мишљења који су тамо постојали. Десети век је било време у коме је – после епохе патријарха Фотија – један доминантни литерарни род била антилатинска полемика. Када се неких 150 година пре христијанизације „Руске земље" окончао спор око икона, то је имало за последицу да су иконе и њихова теологија постале сама срж православног идентитета. У развоју после сабора у Халкидону (451), божанска природа Исуса Христа добила је много већу важност од људске. А због значаја монаштва у Византији, теологија је добила једну јаку мистичну црту. У тим оквирима, дакле, своја дела стварали су и рани руски аутори.

Посебна карактеристика староруске литературе у поређењу са византијском било је скоро потпуно одсуство профане књижевности. Староруска теолошка и црквена литература, ако се изузме *Слово о војевању Игорову*, један профани јуначки спев, у великој мери истоветна је са књижевношћу у општем значењу. Сасвим супротно, у Византији се развила световна литература, али тамо је на располагању било целокупно наслеђе грчке антике. Византијски хришћански аутори школовали су се на паганским филозофима и писцима. Међу Русима тако нешто није постојало, узузев у неким списима митрополита и теолога који су потицали из Грчке. Осим тога, код Руса прве творевине са националном специфичностима региструју се управо код тумачења историјских догађаја и у животима светаца. То је последица потпуно различитих политичких положаја у којима су се нашли „Руска земља" и тадашња светска сила Византија. Уза све ово, додатна специфичност у књижевности јесте и стална борба против „двовераца", против остатака паганства.

Родови староруске литературе јесу проповедна литература, црквеноправни списи и црквеноисторијска дела у ширем смислу, дакле, поред летописа, пре свега хагиографски списи. Догматска и егзегетска дела потпуно су недостајала. Што се биографије тиче, о многим ауторима скоро ништа не знамо. Каснији митрополит Иларион (XI столеће) најзначајнији је аутор проповедне књижевности; његова *Похвала светом Владимиру* пресудно је допринела канонизацији првог хришћанског кнеза код Руса. Заједно са *Словом о закону и благодати* истог овог аутора, *Похвала* представља једно од најважнијих дела староруске књижевности.

Настајање књижевности се концентрисало у манастирима. С временом је настала и црквена и теолошка публицистика. Тиме се мисли на она дела која су се бавила „дневним догађањима", која су, дакле, означавало не више преузимање, него и почетке сопственог стварања. Такође, постоје и полемички списи који су уперени против католичке цркве. Шизма из 1054, наравно, није одмах имала последице у руској цркви, али извесна антилатинска црта постојала је већ у Византији. Политичка настојања римске цркве око утицаја код Руса, као и војни напори западних држава, допринели су да се ова врста снажно развије још раније. Скептичност руске цркве према западним утицајима, имала је, дакле, своје основе и у теологији.

Из првих столећа хришћанске „Руске земље" остала су имена читавог низа аутора, али ипак нема великих, значајних теолога који би били важни и у систематском погледу. То има везе са резервом према догматским темама. Теологија тога времена сажимала је и чувала, ширила даље оно што је наследила, а није стварала нове пројекте. Али тиме је она поставила темеље будућег развоја који се и у каснијој руској историји теологије смештају негде између чувања наслеђа и интегрисања оног што је било ново.

6.2 Западни утицај

Са падом Цариграда опао је и грчки утицај, или је, у најмању руку, схватан као и сваки страни утицај. Истовремено, све више и више приступа у Русију имала је западна мисао, пре свега преко Кијева. Чињеница да се већ по традицији југозападног средишта „Руске земље", у пољско-литванској држави нашао велики број православних верника, доприносила је да је тамо православна црква на различите начине преузимала утицаје западних конфесија и то пре свега са циљем да се боље опреми против њихових аргумената. Православном племству било је неопходно да прихвати католичке образовне институције да би могли да се интегришу у државу, поготово што су закони увек предност давали католицима. То је значило и опасност од конверзије, па отуд и пропадање образовања у православљу Пољске-Литваније. Зато се црквена хијерархија трудила да обезбеди услове за православно образовање. То се остваривало у многим градовима, са једне стране кроз православна лаичка братства, која су по том питању била врло ангажована, а са друге у епархијалним школама којих је било све више, а пре свега у Кијевском колегијуму.

Тако имамо неке значајне православне теологе који су образовање стекли у католичким установама у Пољској-Литванији, већином у језуитским колегијумима, или су одлазили да студирају у Риму. Ови су у том часу били католици, али су се по повратку у домовину опет преображали у православље и сада су као познаваоци католичке теологије били у стању да православној теологији обезбеде систематске основе који су се често ослањали на схоластику у чијем су духу ови били школовани. Пошто је у Пољској велики утицај имала калвинистичка теологија, и била привлачна за многе православне, посебно за припаднике елите, противреформаторски облици аргументације, који су стицани католичким образовањем, могли су корисно да се употребе и против ових. Када су неки од тих тако образованих православних теолога касније доспели у Русију, они су тамо утицали на теологију руског православља, али, како смо видели, и на црквено устројство.

Најзначајнији теолог XVII столећа, на кога се односи много овде реченог, био је Петар Могила (1596–1647). Он је потицао од молдавског племства и, после студија у Пољској, која је била под утицајем противреформације, 1627. је постао архимандрит Печерске лавре. Православље је у Пољској и Литванији веома ослабило због утицаја Уније из Бреста и калвинистичких идеја, којима је посебно нагињало украјинско племство. Могила се заузео да му улије нову снагу и чинио је то са ослонцем на западну теологију. Изградио је образовни систем своје цркве и штампарије, а 1633. постао је кијевски митрополит. У Печерској лаври 1632. осново је школу, Кијевски колегијум (Collegium Kioviense). Ова институција је 1694, када су Кијев и један део Украјине припали Русији, добила право да предаје теологију и 1701. је постала Кијевска академија. Могила је 1996. проглашен за свеца.

Главно Могилино дело био је катихизис који се 1640. појавио под насловом *Confessio Orthodoxa*. Како наслов, који подсећа на реформаторске вероисповести, тј. „исповедне списе", тако и форма, уз напомену да је дело написано на латинском језику, носе знаке западних утицаја. Катихизис се ослања на Петруса Канизијуса, а Могила се у католичко-православним спорним питањима ослањао на католичко учење. По питању у ком тренутку долази до претварања евхаристијских дарова, Могила се позива на речи Исуса Христа („сије јест Тјело моје") које свештеник изговара (уместо епиклезе); надаље, тражи да се крштење не изводи урањањем у воду, што у Украјини није ни било уобичајено, као што се и у питању чистилишта приближава католичком учењу. Катихизис је уз изостављање ових католичких елемената преведен на грчки и тај превод је сачуван. У овом пречишћеном облику, на једном синоду у Цариграду 1643. године прихватили су га ауторитети грчке цркве. Својом *Исповешћу* Могила је снажно утицао на православље; може се уочити и да га је тиме увео у форме западног мишљења. Овај методолошки поступак њему се у историјској ситуацији и у пољско-литванском контексту чинио нужним. Тек у XX столећу замерено му је за „псеудоморфозу"[39], и у том приговору се тврди да је Могилина западна форма имала учинак и на саржај и да је тиме православна теологија промењена у својој суштини.

У Петрово време за теологију је у великој мери било карактеристично да је морала да оправдава цареве одлуке. И у овоме је присутно ослањање на Запад, што и није необично пошто су, прво, обојица водећих теолога, Стефан Јаворски и Теофан Прокопович, дошли из Кијева и имали католичко образовање и, друго, што се ионако Запад сматрао за узор. Прихваћен је барок,

---

[39] Тако Г. Флоровски у: „Westliche Einflüsse in der russischen Theologie", у: *Procès-Verbeaux du premier congrès de Théologie orthodoxe à Athènes*, изд. H. S. Alivisatos, Athen 1939, стр. 212–231.

који православље иначе није познавало, и преузет и у теолошкој литератури. Потпуни наслов спорног списа Стефана Јаворског *Камен вере* гласи: „Камен вере, синовима свете православно-католичанске источне цркве на окрепљење и радост, а онима који се ударе о камен негодовања и гнева, на опомену и ползу" и представља пример барокног утицаја на руски језик.

За напредовање руске теологије било је од великог значаја што се ова није предавала на универзитету. Њој тамо није било места ни после оснивања универзитета. Такав развој ствари имао је значајне последице за теолошку науку, јер ова није могла да се афирмише у сагласју са *universitas litterarum*, него је остајала изолована од духовних струјања у земљи. Ово искључивање теологије из система наука наставило се и у совјетско време јер је и тада теологија могла да се изучава једино у црквеним установама, а теолошка истраживања једва да су била у икаквом дијалогу са другим дисциплинама. И до данас је видљив феномен да су многи интелектуалци, који су блиски цркви, као и низ свештеника, пре него што су се окренули теологији, изворно имали сасвим друго образовање, неретко из природних наука. То повремено доводи до сукоба са оним теолозима који се противе новим и даљим развојним процесима.

На почетку су у „Руској земљи" у манастирима постојале школе које су, међутим, служиле само за образовање сопственог подмлатка као и за образовање световног племства. И после тога носиоци теолошке делатности били су претежно монаси и епископи. Систематског образовања поготово није било за „бело свештенство", за обичан клир. У Москви је 1685. основана школа из које је настала Словенско-грчко-латинска академија, а која је

1754. постала академија, односно нудила само теолошко образовање (од 1812. у Тројице-Сергијевском манастиру у Сергијевом Посаду, 70 км удаљеном од Москве). Под Петром I у *Духовном регламенту* одређује се да све епархије морају да оснују семинаре за образовање световног клира. Ове институције нису биле научно-теолошке установе, него су служиле да штићенике (већином свештеничке синове) оспособе да преузму службу у парохијама. А почетком XIX столећа теолошке академије основане су у Санкт Петербургу, Москви, Кијеву и Казању. Ни оне нису биле повезане са образовним системом у држави, али су уживале велики углед. Академије су издавале часописе у којима су одмах преведени многи списи црквених отаца и саборски канони, тако да су основни теолошки текстови сада постојали и на руском језику. У другој половини XIX столећа, поред аскетских текстова, растао је и број оних систематско-теолошких. Овај систем академија одржао се до Октобарске револуције, када су бољшевици онемогућили свако систематско теолошко образовање. Заједничко је свим овим реформама и променама у систему теолошког образовања што су покретане на државну иницијативу, а не црквеним залагањем. И ово указује на велику зависност цркве од државе.

Тескобан положај цркве после Петрових реформи довео је до тога да је у односу на институционалну теологију значајан нагласак био на области мистике и личне побожности. Теологија је посматрана у тесној вези са самом црквом и зато се није веровало да може да донесе подстицаје иновативне за духовни напредак. Снажно наглашавање разума све од Петра, а посебно под Катарином, допринело је утицајима који су заступали једну надконфесионалну теологију, тако да је, са једне стране, дошло до извесне деконфесионализације православља, а са друге, довело је до реакције у правцу још тврђег истрајавања на предању.

У XIX столећу западни утицај на руску теологију проширио се и на академије. Тек 1840. коначно је укинута настава на латинском језику, а уз то се одустало од праксе коментарисања теолошких компендијума и прешло на истраживање црквених извора, дакле Светог писма, црквених отаца и литургије. Отуда су на значају добили сами историјски предмети, изучавање извора и литургици. Објављени су многи рукописи, међу којима и важни литургијски извори. Поједини теолози студирали су на западноевропским универзитетима, тако да им је била позната западна литература и она је коришћена. Придавање важности црквеној историји довело је до изоштравања свести о ранијим епохама и процесима у цркви као и до актуелности сазнања о значају патријаршије, која су била од користи у расправама о њеном поновном увођењу крајем XIX столећа. Међутим, јадна позиција цркве и теологије онемогућила је да теолошки развој прокрчи самостални пут који би обухватио и шире теолошке кругове. То је било приметније у филозофији религије која јесте била под утицајем цркве, али није била толико под њеном контролом.

Поменућемо неке од најважнијих теолога новог доба, пре свега московског митрополита Платона (Левшина, 1737–1812). Студирао је на академији у Москви и био архимандрит гласовитог Манастира Свете Тројице у Сергијевом Посаду. Катарина II га је запазила и довела га за васпитача каснијег цара Павла I. За овога је Платон написао *Учење о православној вери*, што је био први систематски приказ теологије на руском језику. Овај приказ је био много превођен и имао је велики утицај на касније руске катихизисе. Од Платона, који је 1787. постао московски митрополит, остала је и једна двотомна црквена историја, што је уосталом, први покушај једног таквог целовитог приказа. У свом представљању православног учења овај аутор остаје заточеник структура које су у његово време биле задате у теологији западних усмерења. Ипак, док је био на положају ректора Московске академије, Платон је одбијао да позове доценте из Кијева: то је био знак лаганог јачања свести да је нужно усредсређивање на сопствену традицију.

Такође је и први значајни историчар цркве био један епископ. И он је деловао како на црквеноисторијском, тако и на систематском пољу. Догматско дело митрополита Макарија (Булгакова,1816–1882) било је под јаким западним утицајем и, упркос жестоким критикама, није било од малог утицаја, премда је касније изгубило на значају. Његова дванаестотомна црквена историја Русије, иако почива на изворима, великим делом је некритична. И поред тога, њен аутор је извесним историјско-критичким приступом помогао да допринесе одређеном пробоју; Макарије се због овога чак упустио и у сукоб са Синодом. Његова историја цркве не може да се одбрани данашњим критеријумима, али представља важно сведочанство о почецима научне црквене историје у Русији.

Сасвим супротно од митрополита Макарија стоји један мирјанин, Евгеније Голубински (1834–1912), који је као професор предавао на московској Духовној академији. Из његовог пера потиче прва црквена историја која критички разматра изворе и која у четири тома прати развој руске цркве до XVI столећа.

На крају, поменимо и Василија Болотова (1854–1900), такође професора историје цркве. Он је постао познат јер се бавио питањем које се односи на *filioque*. Овом темом бавио се пошто је био секретар једне комисије Синода за дијалог са старокатоличком црквом. Тако је дошао до уверења да ова допуна уз исповедање вере нема карактер који би раздвајао цркве, него би се могао означити као теологуменон западне цркве. Значајни су такође Болотовљеви радови о Оригену, који истражују и поново откривају учење о тројству овог црквеног оца, који као „јеретик" у православљу никада није уживао углед.

Ових неколико имена нека буде довољно да би се стекао увид у теологију XIX столећа. Она је касније означена као „школска теологија", чиме се првенствено мислило да треба да одговори на прагматске захтеве основног теолошког образовања, али да нема снаге за креативне почетке, а посебно да нема склоности да се враћа на отачке основе православне теологије. Таква једна ренесанса требало је да уследи тек средином XX столећа у руској емиграцији коју су покренуле историјске околности. Приговор за „школску теологију" не погађа, уосталом, само руску теологију, него иде и на адресу православља уопште, дакле Грчке и других земаља.

6.3 Философија религије у XIX столећу

Док је теологија била смештена у уске црквене оквире и била подложна црквеној цензури, религиозно заинтересовани не-теолози могли су да размишљају о теолошким питањима, иако је постојала државна цензура коју није било једноставно избећи. Нека од важних дела тога времена због тога су се прво појавила у иностранству, а касније, често дуго после ауторове смрти, и у Русији. У Русији XIX столећа развила се у значајној мери филозофија религије, што ће и за теологију имати трајне последице. Општи интерес за религиозна питања, рецимо, код великих књижевника (Достојевски, Толстој), створио је климу у којој су могле да се разматрају и такве теме.

Као последица Наполеонових ратова, руске трупе су почетком XIX столећа биле први пут у Западној Европи и тако дошле у контакт са „Западом"; упркос строгој цензури, под просвећеним владарима западно мишљење је већ и раније допрло до Русије. После неуспелог устанка који су 1825, поводом смене на престолу, повели такозвани декабристи, устаници су били строго кажњавани и многи млади племићи морали су у изгнанство у Сибир. Духовна празнина која је тако настала тежила је да се испуни наслањањем на европско мисаоно наслеђе, чиме су настала два правца одлучујућа за руску филозофију XIX столећа: то су били такозвани *словенофили* и *западњаци*. У оба ова правца намеће се изнова старо питање оријентације Русије, а потом и питање како Русија треба да се постави према западним утицајима. Појачаним контактом са Западом ово питање је постало само вирулентније. При томе се није размишљало да је правац, који је према Западу био настројен критички, и сам био под западним утицајима и да је почивао на западним мисаоним обрасцима; таква појава није била нова у руској духовној историји. Уопште се не могу повући јасне линије које раздвајају ова два правца зато што је употреба појмова непрецизна и код многих мислилаца могу се наћи ставови који би пре могли да се припишу оном другом, супротном правцу.[40]

---

[40] Упор. W. Goerdt, *Russische Philosophie*, Freiburg/München 1984, стр. 262–265.

Словенофили, који су по свом утицају на касније генерације били важнији и које ћемо зато овде приказати опширније, били су под јаким утицајем романтике и немачког идеализма. За њих је централна тема била позивање на руски народ, на староруске, старословенске вредности – па отуд и назив – као и питање самоодређења Русије. Према њиховој слици света, у западноевропској култури развила се једна тенденција која се све више и више удаљавала од старих, правих хришћанских начела. Узрок томе је што се у западној духовној историји нагласак ставља на човека, и то се препознаје у феноменима хуманизма, просветитељства и рационализма. Прави однос према Богу је при томе изостао, па се онда говори о извесном „духовном несторијанству": као што је Несторије у V столећу превелики значај приписао људској природи Исуса Христа, тако западно мишљење превише ставља нагласак на човека. Резултат би била индивидуализација у којој људска заједница више нема значаја. Ово је екстремно присутно у протестантизму, где је појединачни хришћанин, због непостојања обавезности, потпуно слободан; али и у католичанству где индивидуални елемент ишчезава у корист апсолутног папиног ауторитета. У томе би, дакле, био проблем хришћанског Запада.

Супротна, православна замисао састоји се у заједници која се у православљу остварује као црквена заједница. Словен не познаје индивидуализам; он је биће у заједници, биће које се ступањем у ту заједницу не одриче свог истинског одређења, него га тек стиче. При томе се снажно идеализују словенске форме заједништва, нарочито сељачка сеоска задруга. Такође ни црквена заједница није одрицање од идентитета код појединца, него његово испуњење. Централна категорија ове представе јесте касније уведени појам *саборности*. Овај појам једва да може да се преведе на иједан други језик и по свом пореклу садржи у себи својства „синодалности", као и „католичности". У црквеном домену он означава уверење да црква у целини треба да учествује у најважнијим одлукама као и у откривању истине. Најважнији теоретичар саборности, Алексеј Хомјаков (1804–1860), лекар и историчар племићког порекла, чак је развио тезу да саборске одлуке могу да буду пуноважне само онда када их прихвата црква у целини. „Разбојнички синоди" старе цркве, али такође и средњовековни унијатски сабори које Исток није прихватао, за Хомјакова су знаци управо тог уверења у цркви.

Саборност подразумева једну надиндивидуалну црквену свест у коју се уклапа свест појединачног верника. Категорије јединства, узајамне љубави и слободе у оваквој представи православља остварене су идеално, док су код западних исповести јединство (католичанство), односно, слобода (протестантизам) толико снажно наглашени да хришћанска љубав ишчезава, а равнотежа између ових елемената се ремети. Хомјаков је у својим списима оштро и врло полемично антизападњачки оријентисан; као и сви словенофили, он реформе Петра I тумачи изузетно негативно.

Разумљиво је да у наглашавању саборности као заједнице свих у цркви, црква у класичном поимању више не игра неку посебну улогу. Словенофили су били врло заинтересовани за црквена питања, пошто су словенство замишљали само као православно, али за њих није била важна хијерархија или црквено устројство, него заједница саборности. Полазећи од ових представа о заједници, тумаче се такође и питања црквеног ауторитета и овлашћења да се доносе одлуке, чији је одговор да саборске одлуке црквене хијерархије увек имају само релативан карактер и да у једном поступку од стране целине цркве, који није формалног карактера, одлуке морају да буду прихваћене (или одбијене). Отуд није изненађење што Хомјаков своје списе за живота није могао да објављује у Русији, јер то није допуштала цензура. Они су се појавили прво на француском језику у Паризу, а тек после његове смрти појавило се једно руско издање у Москви.

Схватање саборности имало је далекосежне последице. Саборност је обележила дискусије на Помесном сабору 1917; аргумент против поновног успостављања патријаршије био је да би тиме била угрожена саборност, па је чињеница да је патријарх располагао само ограниченим овлашћењима управо последица таквог уверења. У православљу, пре свега грчком, такође постоји отпор према оваквој тези. Упркос томе, данас није мали број теолога који заступају теорију саборности, понеки у модификованој форми. Ово је олакшано и тиме што не постоји експлицитно утврђен садржај саборности, него се под њим подразумевају различите ствари. Ипак, значење прихватања саборности јасно је у црквеном животу. Посредним путем преко руске емиграције у Паризу и преко њених контаката са француском теологијом (овде пре свих треба поменути доминиканца Ива Конгара), наглашавање улоге народа Божјег добило је на значају и у католичкој теологији XX столећа, укључујући и II ватикански концил. Тако се католичка дискусија последњих деценија о теми прихватања саборности посредно може свести на ове ставове руске теологије.

Ради потпуности треба приметити да се и данас у Русији на саборност позива и у профаном домену (у поменутом нејасном значењу). У настојању да се нагласи јединство руске нације, често се посеже за овим појмом који се потом схвата у смислу јединства или заједништва или националног јединства.

Из ових идеја словенофила, потом, као последица следи један посебан задатак и послање Русије у погледу хришћанства у целини. Пошто су западне цркве изгубиле свој корен, оне би морале да се окрену православљу; за Европу и за западну цркву спас је једино у Русији, како је ово формулисао филозоф Константин Леонтјев (1831–1891) за кога је, опет, посебну улогу имала категорија естетике. Он је сматрао да је ова последња остварена у руском самодржављу као и у једноставном народном животу, а у супротности према западним, посебно демократским моделима. Словенофили су развили и обухватну културнофилозофску мисао, која се не односи само на ислам или на Русију као *европску и азијску* земљу. Велики значај је за њих имала и мистика, а поготово православље које треба да се осећа „транснационално".

Најзначајнији филозоф међу словенофилима био је Владимир Соловјев (1853–1900). У теолошком погледу свакако је најзначајнија његова софиологија (учење о Божанској мудрости). Божју мудрост, која, свакако, нема само старозаветну позадину, него се у православљу промишља непосредно хипостазијски (што је видљиво у давању имена Аја Софији у Цариграду или Св. Софији у Кијеву и црквама у другим руским градовима), Соловјев разуме као свеобухватни принцип одржања света. На основу визија које је имао, он је *софију* персонификовао као жену. Овим је снажно деловао на потоње теологе, пре свега на Сергеја Булгакова и на Павла Флоренског, који су даље развијали ову мисао.

За Соловјева је мисао све-јединства средишња. Као што су у Исусу Христу уједињени Бог и човек, тако треба тежити уједињењу религије и науке, Истока и Запада. У црквеном смислу то значи уједињење латинског и источног хришћанства под папом. У консеквентној примени овог размишљања, сам Соловјев се причестио код једног католичког свештеника, што се доскора, пре свега код католичких аутора, често сматрало конверзијом. У ствари, Соловјев је остао православан, односно, прецизније, сматрао је да је раскол цркава превазиђен, бар што се њега тиче.

На крају, ваља указати још и на филозофски противправац, на западњаке. Њихово полазиште је пре у француској него у немачкој филозофији, посебно у француском утопизму. Пошто су ови спас за Русију видели у окретању западном мишљењу, нису их много интересовала црквена питања, па и нису истицали представнике који би утицали на теолошку мисао. Неки православни верници јесу пришли католичкој цркви, али ни она, као ни англиканска црква, којима су се ови због блискости у учењу у Русији све више бавили, нису били од великог утицаја. Многи представници западно оријентисане филозофије радикализовали су се и тако створили основу руског анархизма, али и основу за различите социјалистичке и комунистичке струје које су требало да одреде политички живот у Русији крајем XIX и почетком XX столећа.

6.4 Теолошка кретања у XX столећу

Време после револуције на драматичан начин је погодило теологију и на један нов начин ову довело у везу са западном теологијом, али је упутило и назад према њеним источним коренима. У самој Русији теолошки рад једва да је још био могућ. Са затварањем образовних институција, забраном издавачке делатности и насилним прекидањем свих црквених контаката у иностранству, богословска делатност је и фактички онемогућена, на шта су упућивали и почеци прогона цркве. После Другог светског рата црква је могла да објављује библиотеку „Теолошки радови" у којима су се појављивали у кратком облику описи радова са теолошких академија у Лењинграду и Загорску – ово је било име Сергијевог Посада у совјетско време – али нису могли да се објављују уџбеници

Један значајан теолог који је постао жртва режима био је свештеник Павле Флоренски (1887–1937). Он је био изворно природњак, потом је студирао теологију и рукоположен за свештеника. После револуције власти су га неко време толерисале због његових научних квалификација и могао је чак до 1933. да ради у једном државном научном истраживачком институту, где је ипак засметао због свештеничке мантије коју је увек носио. Потом је протеран у логор где се, како се види из његових забележака и писама, још увек бавио научним истраживачким радом. Његова даља судбина непозната је; 1937. у логору је стрељан. У Совјетском Савезу је био „непостојећи", дела су му се могла објављивати једино илегално, а од 1977. спорадично су штампана у црквеним часописима. Од 1980. његове књиге доживљавају ренесансу и данас важи као један од најзначајнијих и најутицајнијих руских теолога, који је имао уплива и на грчке, румунске и српске теологе.

Главно дело Павела Флоренског настало је 1914. под насловом *Стуб и темељ истине. Огледи из православне теодицеје у дванаест писама*. Ово је покушај да се на темељима православне традиције, у мистичкој перспективи, прикаже учење о светом тројству. У томе је код аутора очигледан утицај филозофије религије, поготово посредством Соловјева. Сам мистички аспект наглашава се овде кроз искуство које је централна категорија код Флоренског. У оштрој антизападњачкој критици, сагласно овоме, аутор западним теолозима одриче чак сваку могућност да уопште разумеју православну теологију. Такви покушаји да се разуме православље подсећају аутора на неке курсеве („на Западу") о којима је слушао, наиме, да се на њима пливање учи на сувом. Флоренски такође софиологију експлицира као нешто има удела у животу светог тројства, али се истовремено манифестује у човековој егзистенцији. Такође, писао је дела из теологије икона у којима оштро критикује западно религијско сликарство.

Првих година совјетског раздобља многи теолози, као емигранти или као прогнаници, нашли су се у иностранству и тамо су покушавали да унапреде руску теолошку мисао. Може се, наравно, расправљати о томе колико ови мислиоци још увек могу да се уврсте у руску теологију. Сигурно је да је најпознатији и најзначајнији теолог у егзилу био Сергеј Булгаков (1871–1944). Булгаков потиче из породице свештеника и испрва је похађао богословију, али се потом окренуо од цркве и студирао економију. Као професор у Кијеву а потом у Москви, био је оријентисан марксистички. Ипак, убрзо се поново окренуо религији и бавио се филозофијом религије; овај преокрет објашњава његова збирка есеја под насловом *Од марксизма до идеализма*. Био је делегат на Сабору 1917. и неко кратко време после тога сарадник патријарха Тихона (Белавина). Године 1918. рукоположен је за свештеника, а 1923. совјетска власт га протерује. По доласку у Париз постаје први декан и професор догматике на новооснованом богословском институту „Свети Сергије". Обе ове функције обављао је до смрти.

Булгаков је догматски синтетички преглед својих теолошких уверења изнео у две обимне трилогије. У првој, мањој, аутор расправља о Богородици, св. Јовану Крститељу и анђелима; она представља теолошки приступ икони познатој под називом „деизис", на којима се приказују Марија и Јован како се моле пред Христом. Овде важну улогу има софиологија. Друга трилогија бави се христологијом, пнеуматологијом, као и еклисиологијом (укључујући и есхатологију).

Дело Сергија Булгакова јасно је омеђено његовим студијама о Мудрости. За њега је Божја мудрост израз Божјег присуства и деловања у свету. Она спада у домен Божјих енергија, па је, према томе, нестворена. Тиме се успоставља тесна веза између Бога и његовог створења, а да се при томе не укида трансценденција Бога. И овде је присутна мисао о све-јединству коју философија религије ставља у први план. То Булгаков наглашава у својој христологији; ова друга трилогија има заједнички наслов *О богочовечанству*.

Самим начином говора о Божјим енергијама Булгаков преузима идеје грчког теолога Григорија Паламе (умро 1359) па отуда може да се означи као претходник неопаламизма који је у православној теологији XX столећа добио велики значај. Булгаковљево учење о мудрости је 1927. осудила руска црква у иностранству, а 1935. и црква у Москви. Међутим, париски митрополит је помогао Булгакову, тако да је ипак могао да задржи катедру на тамошњем институту.

Булгаков је и екуменски био врло активан. Учествовао је на великим конференцијама пре оснивања Светског савета цркава у Лозани 1927. као и у Единбургу и Оксфорду 1937. и имао је истакнуто место у познатом англиканскоправославном братству „Сент Олбен и свети Сергије". Од њега потиче такође и један увод у теолошку мисао православља који је написао за западне читаоце.

Амерички теолог руског порекла Георгије Флоровски (1893–1979) живео је од 1920. у иностранству, првенствено, до 1948, у Паризу, потом у Њујорку, Харварду и Принстону. Он је на „Светом Сергеју" био доцент за патристику, после тога неко кратко време Булгаковљев наследник као догматичар и, коначно, црквени историчар у Америци, а поред тога и дугогодишњи члан централног комитета Светског савета црквава. Због својих настојања да православну теологију врати њеним патристичким коренима, Флоровски је имао утицај који једва да је могуће проценити. Његов реферат на првом конгресу православних теолога у Атини 1936. приказује „псеудоморфозу" теологије и тражи њено враћање црквеним оцима.[41] Ово се манифестовало, додуше успорено због Другог светског рата, првенствено кроз нови значај Григорија Паламе, тако да је настао неопаламизам, данас важан правац мишљења у православљу. Одатле па даље, дошло је до промишљања не само садржаја патристичке теологије, него се поставило и питање њених форми, у којима је православна теологија била заробљена вековима. Као најважније последице овога заокрета могу се описати поновно наглашавање литургије као теолошког извора и развоја, тј. нови развој евхаристијске еклисиологије. Теолози који долазе из руске емиграције као што су Јован Мајендорф (умро 1992), Александар Шмеман (умро 1983) и Николај Афанасјев (умро 1966), најважнији су представници „неопатристичке синтезе" за коју се залагао Флоровски. Ове личности, у сваком случају, више не могу да се рачунају само у руску

---

[41] Упор. фусноту 39.

теологију. Треба указати да ни Флоровски не представља апсолутни почетак; већ код Флоренског може се препознати да се савремена форма школске теологије осећа као неодговарајућа и да се показује да је нужно враћање на изворе. Флоровски је потом био онај који је ту мисаону обнову реализовао.

Данас је опет у Русији могуће да се људи без ограничења баве теологијом. Свакако да ће после пустошења које је донело XX столеће, бити потребно време док не настане неки богатији теолошки пејзаж. И управо сада се могу уочити почеци препуни очекивања. Преводе се дела многих ранијих теолога, оних из емиграције, као и многи грчки и други православи теолози. Једва се може пребројати број образовних установа, које, истина, нису све настале под благословом цркве и које имају различит ниво. Поједине теологе црква је послала у иностранство на католичке и протестантске факултете. Није, дакле, за чуђење да сама црква главни приоритет у овоме моменту види у квалификовању и образовању теолога.

Може се очекивати да ће се и у теологији испољити тежња за идентитетом и новим почетком, која данас карактерише и многе друге области руске цркве. Тај процес је отпочео још у емиграцији. Као и толико пута, и данас се поставља питање односа према предању и према преузимању нових елемената, који су понекад старији од оног што се сматра традицијом. Управо се сада може уочити да до одбојности према неким појавама долази само због тога што су оне „западне". А баш ти теолошки подстицаји са „Запада" показују да они православну теологију стварно могу да упуте на њене корене, ма колико то покаткад представљало и проблеме за западне цркве и за екуменски дијалог. Велики теолози као Булгаков и Флоровски кроз своје дело доказују да се аутентично православље и екуменски ангажман неускључују. А ипак, проћи ће још извесно време док се јасно не покаже у коме правцу иде руска православна теологија, односно, да ли је уопште могуће да то буде само један смер.

7 МОНАШТВО

Монаштво је настало на хришћанском Истоку и оданде је обликовало почетке западног монаштва. Још и данас је монаштво у црквама Истока институција од великог значаја. Света Гора Атонска важи као центар православног монаштва и представља својеврсну институцију аскетског живота, живота посвећеног Богу. У православљу епископи се увек бирају из редова монаха; паросима, који су по правилу ожењени, нису доступни највиши црквени чинови. Хришћански Исток, за разлику од Запада, не познаје редове. Монаси и монахиње живе по правилима светог Василија (умро 379), као и по прописима који важе за манастир у коме живе. Манастири су потчињени надлежном епископу и нису издвојени као на Западу. Такозвани ставропигијални манастири потчињени су непосредно патријарху, односно поглавару цркве.

У Старој цркви се могу разликовати два облика монашког живота: пустињачки и живот у манастиру. Пустињаци живе „идиоритмички", дакле, према сопственом ритму, понекад у лабавој заједници или колонији, али у сопственом боравишту и са својим дневним распоредом. За живот у манастиру важан је одређени простор, који се одвија у неприступачном делу за нежитеље манастира и међу манастирским зидинама, у заједничким дневним обавезама кроз молитву, рад, обедовање и одмор, као и у послушности према игуману. У манастиру се живи „киновијски", у заједници. У руској црквеној историји постоје оба ова облика. Поред манастира у градовима, које су оснивали задужбинари (ктитори) из редова племства, постоје и манастири који су настајали на усамљеним местима из потребе за повлачењем из света. Важна улога монаштва у освајању територија раније је поменута, а старци који су живели усамљенички, управо су у XIX столећу имали важну улогу у руском друштву.

У руској црквеној историји се може говорити о три монашка таласа: после „крштења Русије" настали су бројни манастири; 1240. године, у време поробљавања Кијева, било је више од 100 манастирских обитељи. Пошто су они првенствено били на југу, са упадом Татара дошло је до опадања манастирског живота. Други талас је почео у XIV столећу и везан је за име Сергија Радоњешког, оснивача манастира Свете Тројице, тако названог управо по њему, у Сергијевом Посаду у близини Москве, те оснивача и многих других манастира. Он је у свом манастиру увео општежитије. Његови бројни ученици били су оснивачи других манастира. У XV столећу напетост између манастирске аскезе и повучености и присуства манастира у свету довела је до спорова који су коначно решени у корист овог последњег становишта. После ограничавања манастирског живота у Петровим реформама, у XVIII и XIX столећу долази до трећег таласа у коме важну улогу има мистички аспект манастирског живота. Овај је до израза долазио посебно кроз деловање стараца. После револуције 1917. манастири су од почетка били у центру прогона. После Другог светског рата постојали су многи манастири на територији коју је био запосео Вермахт; ови су наредних година постепено затварани, а посебно крајем 50-их у контексту дестаљинизације. Нови манастири поново су оснивани тек после распада Совјетског Савеза. Тај развој се може јасно сагледати из статистике:

Година [42]	Мушки манастири	Женски манастири
1701	965	236
1810	358	94
1914	550	475
1935	0	0
1945		104
1958		69
1961		40
1974	3	13
1987	7	13
2007	335	373

7.1 Кијевска Печерска лавра

Најважнија, иако можда не и најстарија манастирска установа Кијевске Русије је кијевски Печерски манастир настао срединой XI столећа и који је преко 200 година представљао центар црквеног живота. Манастир лежи на уздигнутој обали Дњепра и својим монументалним здањима и дугачким подземним ходницима, као и капелама, и данас изазива снажан утисак. Претпоставља се да је настао на једном ранијем претхришћанском култном месту.

[42] Упор. I. Smolitsch, *Russisches Mönchtum*, Würzburg 1953, стр. 538. Подаци за 1945, 1958. и 1961: J. Ellis, *The Russian Orthodox Church*, London/Sydney 1986, стр. 125. Подаци за 1974: *Die Orthodoxe Kirche in Russland*, изд. P. Hauptmann/G. Stricker, Göttingen 1988, стр. 890 (допуњено); за 2007: www.mospat.ru/index.php?mid=215 (скинуто 26. марта 2007). Од манастира у новије време у Совјетском Савезу само су се два налазила на територији Руске совјетске републике, остали у другим републикама.

Према извештајима у хроникама основао га је монах Антоније који је наводно дошао са Свете Горе Атонске[43]. Подударност имена са оцем хришћанског монаштва Антонијем Великим може да буде случајна, али може да указује и на то да се ради о типизованом лику. У сваком случају, јасно је да је руско монаштво, као и руско хришћанство у целини, морало да буде иницирано од стране Цариграда, пошто није било узора за којима би могло да се посегне. Исто тако, јасно је да се овде не ради о неком кнезу који би био оснивач. Сам Антоније живео је у једној пећини на узвишици уз обалу Дњепра. Убрзо су се ту окупили и други монаси.

Први игуман Печерске лавре био је Теодосије (умро 1074), који у ствари може да важи и као његов прави оснивач. Под њим су 1062. подигнуте прве зграде над земљом, међу којима и једна црква на чијем месту је убрзо сазидана нова од камена, Црква Успења Богородице (завршена 1075). Такође су и саме пећине, које су првенствено настале у аскетске сврхе, с временом проширене и међусобно повезане у систем пећина и ходника. Данас постоји 180 подземних просторија и више стотина метара ходника. Пећине данас више нису настањене него се у њима чувају светачке мошти, а многе служе и као капеле.

Теодосије је као манастирска правила увео она из Студитског манастира у Цариграду, која су прихваћена у целом православном свету. Преко овог истог пећинског манастира та правила проширена су на све руске манастире. Монаси, а првенствено игумани често су били саветници великих кнежева, али такође и они који опомињу. Много пута је долазило до сукоба између кнежева и Печерске лавре.

---

[43] О сведочењу о оснивању Печерске лавре видети: *Повијест минулих љета, Несторов љетопис*, Београд, 2003.

Игумани су такође саветовали и митрополите за чије су наследнике неретко одређивани монаси овог манастира. Иначе, најважније активности већине монаха биле су молитва и физички рад, слично као о код монаха Старе цркве. Теодосије је велику важност придавао скромном начину живота и помагању убогих, што је градњом убожнице и болнице постао институционализовани задатак манастира.

Монаси су значајни као аутори летописа (и уопште ране руске црквене књижевности). *Несторова хроника*, додуше, није историјски поуздан документ, али представља најважнији извор за рану историју руске цркве. Она приказује почетке руске цркве, често са апологетским или просветитељским намерама, али и са многим информацијама које се не смеју занемарити. „Патерик" (отачке књиге) који је настајао од XIII столећа збирка је приповести о прва 24 монаха Печерске лавре. Она слика аскетски живот монаха који се састојао у томе да ови дуго времена или никада нису излазили из своје пећине, као и њихову борбу са демонима. У збирци се манастир представља као средиште монашке аскезе, а насупрот једном поквареном свету.

Од својих почетака па све до у XX столеће Печерска лавра била је место где се манастирски живот никада није прекидао. Када је Кијев био литвански, односно пољски, манастир је био упориште православља. Упркос томе, преко Кијева, а тиме и преко Печерске лавре до Русије су допирали западни теолошки утицаји, посебно зато што је тамо на своме почетку Кијевска академија била смештена. У XVI и XVII столећу манастир је био центар отпора према Унији. Стефан Јаворски и Теофан Прокопович само су двојица од његових игумана који су касније позвани у Русију и тамо извршили велики утицај на руску цркву.

Комунистички режим је 1927. укинуо манастир па је овај отада служио као музеј. Као резултат уступака цркви, манастир је 1946. опет отворен. Под Хрушчовом је 1960. опет укинут, да би за време перестројке и у вези са миленијумском прославом 1988. опет био враћен цркви. Данас он у компликованом украјинском црквеном пејзажу припада цркви московске патријаршије.

7.2 Спор око манастирске имовине

Манастири „Руске земље" већином су били задужбине. Са временом су стицали имовину и често су били врло имућни. Међутим, богатство није ишло заједно са аскетским захтевима монаштва. Процес колонизације посредством монаха пустињака, који је поменут у вези са ширењем хришћанства, као последицу имао је да су се и тако настали манастири с временом обогатили, јер су се економски стабилизовали или преко задужбина или наслеђивањем. Тако су се опет удаљавали од аскетског идеала. Ово је често био узрок спорова међу монасима, поготово када се постављало питање начела. Али растуће богатство манастира било је предмет расправа и са државом, која је хтела да себи присвоји ту имовину, а ова се није састојала једино од земље, него је подразумевала и сељаке који су је обрађивали. Са јачањем аскетских подстицаја у XIV столећу, однос између аскетизма и манастирског богатства заоштрава се. Упркос наглашеном повлачењу из света и тражења самоће, ипак се појавио један Сергије Радоњешки; 1337. он је у манастиру Свете Тројице, који је сам основао, реформисао монашки живот наглашавајући киновијски аспект. Сукоб између две струје распламсао се у XV столећу (крајем тог века једна трећина земље била је у поседу манастира!). Предводници сукобљених страна били су Нил Сорски и Јосиф из Волоколамска.

Нил, рођен 1433, после боравка на Атосу постао је следбеник „исихазма" („тиховања"), теолошког правца према коме живот монаха, да би могао да сагледа Бога, треба да се усредсреди на аскезу. Био је монах Кириловог манастира код Белог мора на северу земље, који је основао један ученик Сергија Радоњешког. Одатле се спустио низ реку Сору, по којој је добио надимак, и са више сличнo настројених монаха основао пустињу. Код овог облика заједничког живота значајан спиритуални ауторитет у групи имао је духовни отац (рус. старец). Оваква група разликовала се од класичне анахорезе која је јачи нагласак давала животу у потпуној издвојености. У пустињама је, додуше, постојала строга аскеза, али у облику добровољног духовног подређивања једном монаху који се прихвата као узор. За Нила средишња категорија није била послушност, толико важна у општежитију. Пре се радило о поверењу, а не о подређивању. „Скит", како се називала ова врста манастира, није требало да има својину, па чак ни вредне литургијске предмете. Манастир није тежио да се веже за државу, него је према свету радије био на дистанци. Нилове следбенике називали су „некористољубивим" или, према географском месту, „старцима из Поволжја".

Јосиф је рођен 1439/40. и био је игуман и оснивач богатог Волоколамског манстира, неких 140 километара северозападно од Москве. Овде је владао строго уређен однос између монаха и игумана. Тај однос одликовао се поштовањем и послушношћу, а на манастир се гледало као на институцију која, истина, јесте ограничавала монасима слободу, али им је за узврат помагала у спасењу. Део ове логике је био да су се монаси школовали. Манастири су, наиме, обављали и посао за државу, јер су увек били потребни епископи и то по могућности добро образовани. Јосиф је сматрао да манастир треба да поседује имовину: прво да би збрињавао монахе, друго, зато што је црква требало да има економску основу да би је држава прихватала као озбиљног партнера. Његови следбеници су по њему названи „јосифовци".

Јасно је да ова два концепта међу собом снажно противрече, премда је иначе између Нила и Јосифа постојало и много тога заједничког. За Нила је на првом месту било спасење појединца, за Јосифа спасење се могло достићи једино у заједници. И у Русији се, дакле, јавља супротност између монаха као појединца, пустињака, и монаха који живи у манастиру. Ова супротност позната је из историје Старе цркве и у назнакама се јавља већ у староруским летописима.

Године 1503. одржан је у Москви Синод на коме је надвладала Јосифова струја. У позадини су били и спор са јеретицима и сукоб око наслеђивања престола. Велики кнез Иван III ослањао се на подршку цркве; кнез није могао, а што је намеравао, да без ризика одузме црквену земљу. Московски синод није могао да укине Нилову строгу аскезу, него је то препустио личном избору. И тако ће остати дуго времена. Други реформски покрети чак су квалификовани као секте. Јосиф, који је победио, без премишљања је стао на страну великог кнеза. Упркос свим каснијим покушајима државе да се дочепа црквеног поседа, ова одлука је значила да ће сваки владар дугорочно имати неограничену црквену подршку и потпору која је, са своје стране, материјално врло моћна.

Ова упућеност на епископе (па тако и на монахе), а у световном домену на велике кнежеве, резултирала је чињеницом да је црквена хијерархија у Русији увек имала важну улогу. Реформски покрети једва да су се могли и поткрасти и често су били потискивани на терен секти. Монаси који нису били задовољни положајем цркве пре су били склони да потраже усамљеност и да тако избегну близину црквене хијерархије и црквених структура. Није било покрета као што су западни просјачки редови, који би такве реформске идеје могли да усмеравају унутар цркве.

Изолација цркве у овој фази њене историје и чињеница да западноевропски процеси, као што је хуманизам, у Русији нису прихватани, имали су као последицу да је црква дуго покушавала да сачува једну затворену слику света. Симболички израз свега тога је стари календар, по коме година почиње у септембру и који време рачуна од стварања света. У црквеном погледу то је значило да, другачије него на Западу, није дошло до секуларизације свакидашњице, него пре до извесног „помонашења" света. Свет је постао манастир, тако да су манастирски идеали важили и за оне који су живели у свету. „Побожни Руси и у наше време свој лични и породични живот уређују у духу монашких правила."[44] Примери за ово јесу литургије, у којима служба дуго траје, и часови, који се и данас одржавају у многим парохијама, као и изузетно строга правила поста у православној цркви. Код мирјана који живе у свету, ово поштовање манастирских заповести разумева се као аскетски идеал. *Домострој,* руски спис за вођење домаћинства из XVI столећа, приказује то у својим детаљним прописима за верски живот у породицама.

---

[44] *Die Russische Orthodoxe Kirche*, издао митрополит Питирим из Волоколамска и Јурјева, Berlin/New York 1988, стр. 184.

7.3 Старци

И после победе јосифоваца у руском монаштву постојала су оба правца: онај доминантни, близак држави и моћан, кога карактеришу богати манастири и политички утицај и други, аскетско-пустињачки, који предност даје сопственом усавршавању и одвајању од света. Увек су одржаване везе са Светом Гором Атонском, где од 1169. постоји велики руски манастир Пантелејмон, а било је и руских монаха који су живели као испосници. Пустињачки начин живота је увек био присутан и у самој Русији. Напетост између хијерархије и харизме понекад се испољавала у конкретним конфликтима, али често она и није била манифестна. У староруској традицији напетост између два монашка типа испољавала се и тако што су постојали велики манастири, настали као кнежевске задужбине, али у летописима се наглашава да је Печерска лавра манастир који је настао као резултат аскетских тежњи.

Отцепљење старовераца као и реформе под Петром I и Катарином II снажно су уназадиле руско монаштво. Староверци су у манастирима имали јако упориште тако да су многи од њих били изгубљени за патријаршијску цркву. Такође је и мистичко-хилијастичка струја код староверца имала присталице међу аскетама. Ограничавање ступања у манастир под Петром I и коначно одузимања манастирског поседа под Катарином II ускратили су манастирима егзистенцијалну основу. Систем државне цркве умањио је привлачност да се духовна искуства траже у званичној цркви, тако да је све више маха узимао онај мистички правац.

У таквим околностима међу аскетским монасима појавили су се такозвани старци. Појам *старца* (рус. старец) означава најчешће старијег монаха који има посебан духовни ауторитет. Сам појам долази из манастирског живота где су такви монаси често били исповедници своје сабраће и духовници млађих монаха. Позиција старца, свакако, не потиче од неке одређене функције (као што су то на Западу калуђер, који је задужен за искушенике, и спиритуал), него из његове харизме. Аналоган појам у грчкој традицији јесте „герон". Овај феномен познат је и у монаштву Старе цркве.

Извесно је да се старци крајем XVIII столећа у руској цркви постали значајни као противтежа институционализованом монаштву. Манастири и пустиње географски су се концентрисали у једном полукругу који је почињао северно од Санкт Петербурга и протезао се све до крајева јужно од Кијева. За вођење душе, што су старци пружали младим монасима, био је важан принцип послушности и потчињености. То је старцима у идеалном случају омогућавало увид у индивидуално напредовање у духовном развоју одређеног монаха. Ту је и патристичко наслеђе; признавање духовног ауторитета једног „аве" тамо је, као и у Русији, био централни елемент аскетског живота.

Тек у XIX столећу неки старци постали су познати и изван својих манастира, односно пустиња. Ови су били саветодавци верницима који су предузимали дуга путовања да би им се обратили. Неки старци су уз то водили и обимну преписку са мирјанима које су духовно водили. Старац Зосима у роману *Браћа Карамазови* Фјодора Достојевског јесте најпознатије књижевно сведочанство о једном таквом духовном саветнику; личност Зосиме упућује на старца Амвросија (Гренкова). Пустињски манастир Оптину, јужно од Москве, где је живео и деловао овај и бројни други значајни старци, посећивали су у XIX столећу многи који су тражили савет.

Старци су имали далекосежан утицај на бројне области црквеног и друштвеног живота. Многи људи су велике одлуке доносили тек уз сагласност („благослов") свог старца. Ово је сигурно и последица слабости званичне цркве; већина свештеника тешко да је могла да одговори функцији пастирског саветовања и бриге, поготово када је реч о припадницима интелигенције. Насупрот њима, многи старци имали су високо образовање; неки од њих били су епископи који су се из своје службе повукли у манастир, односно у пустињу. Тако су они могли да буду прикладни партнери у разговору са људима који су тражили савет. Укажимо и на то да представа о свештеном присуству у свим животним питањима и до данас постоји у православљу и у Русији. Старци у XIX столећу често су морали да рачунају са отпором хијерархије и локалног клира пошто су имали функцију која се није дала уклопити у стандардне црквене структуре. Још се и данас могу чути повремене критике црквеног вођства на рачун претераног присуства стараца. То има везе и са чињеницом да су у совјетско време односи између стараца и оних које су ови саветовали могли да се развију једино у врло неформалном и приватном домену. После краја репресије очигледно је да су се многи без неопходне духовне харизме издавали за старце и имали јак утицај пре свега на неофите, тј. на вернике који су тек недавно приступили православљу.

На самом почетку развитка феномена стараца у XVIII столећу треба поменути монаха Пајсија (Величковског, 1772–1794) који потиче из молдавске области (данашња Румунија, односно Молдавија) и који се школовао у Кијеву. Пајсије је био монах на Атосу и вратио се у завичај. Тамо је био игуман два утицајна манастира; Пајсијеви ученици су свуда по Русији ширили његово учење. Сам Пајсије био је духовни саветник многих. У свом манастиру, по узору на Свету гору, увео је општежиће, које је увек било у извесној супротности према индивидуалном облику живота аскета, утемељеном на индивидуалном саветовању и вођењу душа других монаха, а на шта је био усмерен начин живота код стараца. За Пајсија је заједнички живот у манастиру био од велике важности; потоњи старци делимично су спајали оба ова аспекта, при чему је тенденција према испосништву ипак имала превагу.

Од великог значаја за развој духовности у Русији био је Пајсијев превод *Добротољубља*, збирке отачких списа о духовности настале на Атосу, посебно о „Христовој молитви" или „Умној молитви". Ова се молитва састоји из једне кратке формуле која гласи: „Господе Исусе Христе, смилуј ми се!" или, нешто проширено: „Господе Исусе Христе, сине живога Бога, помилуј мене грешнога!" Ова молитва се увек изнова понавља, често у ритму са дисањем и треба молитеља да доведе у стање да сагледа Бога. Ову праксу ваља разумети у контексту теолошких расправа које су се у XIV столећу водиле на Светој гори. „Умна молитва" је за руску духовност имала и има још увек велики значај. Пајсије је превео *Добротољубље* која се на Атосу дуго ширила преписивањем, а штампана тек 1782, на црквенословенском, и тако постала доступна руским монасима. Руско издање изашло је 1877. и у Русији је имало огроман одјек. „Умна молитва" није била нит водиља духовног живота само за испоснике који су живели усамљенички, него и у манастирима. Она је управо тамо морала да се спроведе као пракса индивидуалне, личне побожности, а насупрот наглашавању заједничке молитве у цркви, што су иначе многи монаси сматрали довољним. Додуше, са Атоса је

„Духовна молитва" одраније била позната у Русији, али са „Умном молитвом" појавили су се нови нагласци и нова животворност прво код монаха, да би касније велики утицај извршила и на духовност код мирјана.

Пајсије је из Молдавије преко својих списа и преко путујућих монаха деловао широм Русије. Његов манастир је био омиљено место ходочашћа, поготово на путу из Русије на Свету Гору Атонску. Управо је он био тај који је припремао даљи развој руског монаштва.

Једна друга личност међу раним старцима био је Тихон из Задонска (1724–1783). Он је од 1763. до 1767. био епископ у Вороњежу где је настојао да подигне образовни ниво свог клира, а после повлачења био је обичан монах у манастиру Задонск. Отуда се он може сматрати претходником стараца из XIX столећа јер је и далеко изван манастира био многима духовни саветник и пратилац. Познати су његови доприноси духовној књижевности која је била и под утицајем немачке протестантске мистике, у којој је средишњи духовни принцип било опонашање Христа. Руска црква га је 1861. прогласила свецем.

Један од најпознатијих стараца био је Серафим Саровски (1759–1833). У манастир Саров ступио је као младић 1779. и постао познат због посебно строгог испосничког живота, као и по многим визијама које је имао. После неколико година повукао се у једну испосницу близу манастира, где је свој монашки живот водио у аскетској изолацији. Од 1804. до 1807. живео је као стилит на једном стубу, од 1807. до 1815. провео је у потпуном ћутању, а после 1810. више уопште није напуштао своју ћелију. После 1825. почиње његово деловање као старца када је допро до хиљада људи. Примао је бројне посетиоце и водио опширну кореспонденцију. Руска црква га је прогласила свецем 1903. године.

Поменимо овде старца епископа Игњатија (Брјанчанинова, умро 1867), који је раније био члан хијерархије и имао високо образовање. Пошто је неко време био официр, замонашио се и, коначно, постао епископ на Кавказу. Ипак, после неког времена, вратио је своје звање и повукао се у манастир. Био је аутор бројних аскетских списа, као и дела у којима је упућивао поуке монасима, а осим тога деловао је и кроз живу преписку.

Високо школовани монах Теофан (Говоров) Затворник (умро 1894), који је годинама живео у потпуној повучености, до данас у руском православљу ужива високи углед. Испрва је као монах предавао богословију у Кијеву, Новгороду, и Санкт Петербургу, а боравио је и у Јерусалиму и Цариграду. Постао је епископ 1859, али се после седам година повукао у пустињу, где је последњих 28 година провео углавном сасвим усамљенички. Такође, и он, који није примао посетиоце, био је са бројним људима у вези кроз преписку. У годинама свог испосништва написао је бројна аскетска и егзегетска дела и преводио дела о молитви и духовном животу на руски језик, међу којима и *Добротољубље*.

И на крају, извесна примедба која треба нешто да разјасни: у природи црквеноисторијских извора јесте да се концентришу на званична документа и на деловање вођства цркве, и да се у њима помињу мушкарци који су били важни за развој цркве. Ту једва да се појављују жене. Зато овде бар треба напоменути да је од почетка у Русији постојао такође и женски манастирски живот. Монахиње су у руској црквеној историји играле важну улогу пошто су се женски манастири много више него мушки посвећивали добротворној активности. Женски манастири су били прибежишта за неудате или обудовеле племкиње (али и за оне које су из династичких разлога морале да се повуку из света), у којима су ове често могле да развију снажно деловање. У време Совјетског Савеза увек је било више женских него мушких манастира, па тако и данас има скоро двоструко више монахиња него монаха. Монахиње из руске емиграције после Првог светског рата обновиле су манастирски живот у Србији, где практично више није било манастирског живота. Женама је до данас забрањено ступање у редове вођства цркве, али без деловања монахиња руска црквена историја не би имала исти ток.

8 ДУХОВНОСТ И РЕЛИГИОЗНОСТ

На духовност се често гледа као на неку посебну црту руског православља. При томе се неретко настоји на клишеима о руској души, која треба да је посебно духовно „обдарена", штавише, која је под утицајем величине земље и њених климатских прилика. Заиста је духовност, побожност, феномен који се у различитим видовима сусреће у свим хришћанским црквама; постоје специфичности у православљу, које не важе само за руско, али постоје управо и посебности руског православља. Овде не можемо пружити преглед историје религиозности у Русији, али ћемо примера ради расветлити само две области – „Умну молитву" и побожност према иконама – и потом приказати данашње стање религиозности онолико колико она може да се обухвати могућностима социолошких истраживања.

Начелно се може поћи од тога да је духовност у православљу увек под јаким упливом цркве. Литургија као молитва цркве има велики значај. Није се никада у православљу развио феномен еухаристијске побожности који је независан од слављења литургије. За иконе, веома важне за православну побожност, постоје релативно строга црквена правила која се односе на њихову израду и освећење. Велику улогу имају молитвеници са црквеним молитвама као и строга црквена правила поста која поштују многи верници. Тако је, дакле, велики део православне побожности обликован литургијски. Још једна карактерна црта јесте њен христоцентризам. Постоји, додуше, изражено поштовање светаца и обожавање Богородице, али из литургијских молитвених текстова види се да се свеци увек призивају у односу на Христа. Неку мистику која би се односила на Богородицу, као што је она на Западу, православље није никада развило.

8.1 „Умна молитва"

Поред значења литургијске побожности, треба имати у виду такође и утицај монаха. Са Свете Горе Атонске се на православни свет, а тиме и на Русију, проширио један од најважнијих списа из духовности, *Добротољубље*. Наслов значи „Љубав према лепом" и често се преводи као „Љубав према врлини". У ствари, мисли се на етички добро, а не на естетски лепо.

Добротољубље је збирка отачких текстова из више столећа чији се садржај означава пре свега као „Христова молитва", као „Умна молитва" или као „Непрестана молитва". Ову молитвену праксу треба посматрати у вези са исихастичким спором које се у XIV столећу водило на Атосу: монаси који су током молитве имали мистичко искуство, што су тумачили као лик Бога и виђење преображеног Христа,[45] дошли су у конфликт са оним другима који су то спорили, пошто Бог, наиме, не може да се сагледа. Спор је коначно решио Григорије Палама (умро 1359) који је развијајући учење о енергијама обезбедио основе за једно теолошко учење које је у XX столећу у православљу добило ново значење.

---

[45] Упор. *Јеванђеље по Матеју*, 9, 2–13; визија се према устаљеном месту озарења описује и као „Таборска светлост".

Сама техника молитве састојала се у понављању једне кратке реченице, која је углавном гласила: „Господе Исусе Христе, помилуј мене грешнога!" Ова формула такође може да се мења, у првом делу може да гласи „Господе Исусе Христе, сине живога Бога!", или у свом другом делу као „смилуј се мени јадном грешнику!" Молитва се понавља у тишини и као последицу има да молитељ постиже велики унутрашњи мир. Због овог унутрашњег и спољашњег тиховања (грч. *hesychia*) дошло се до назива исихазам, који се у модерно доба често проширује додавањем придева „паламитски". Молитва такође има везе са дисањем, утолико што се први део молитве узговара приликом удисаја, а други део уз издисај.

Преводом *Добротољубља* прво на црквенословенски, а касније на руски језик, Христова молитва је у XIX столећу постала позната и омиљена. Једно нарочито сведочанство њеног значаја јесте и анонимни спис под насловом *Искрена исповест једног ходочасника свом духовном оцу*, настао крајем XIX века, прештампан у много издања. Приповедач, који је на пропутовању кроз Русију, саопштава своја искуства са овом молитвом. За њега је *Добротољубље*, коју поред Библије увек носи са собом, најважније упутство за његов духовни живот. Каже како га је један старац постепено упућивао у припрему за молитву и како је следећи та упутства број молитви повећао на 12.000 на дан. Током времена она му је постала навика тако да се молио и уз све друге послове. На крају ходочасник пише о искуству како се молитва одвијала сама од себе: „молила се сама у мени". Овај доживљај молитве повезан је и са другим искуствима, на пример са великом топлотом која је обузимала тело. Ово је у сагласности са описом отаца који постоји у *Добротољубљу* и који ходочасник са напредовањем у молитви разуме све боље. Најчешће појаве о којима се извештава јесу топлота и светлост; таква искуства су позната код многих мистика, и то не само у хришћанству. Назив „Непрестана молитва" упућује са једне стране на *Солуњанима посланицу прву светог апостола Павла*, 5, 17 („Молите се без престанка!"), а са друге на феномен да молитва долази „од себе", дакле, не као резултат активне одлуке онога који се моли. Православни монаси и монахиње, али и многи мирјани, носе око чланка на руци или држе једну бројаницу која је најчешће направљена од вуне и помоћу које моле Исусову молитву. При томе се не ради о молитвама као што је случај са круницом на Западу, када се мора одређеним редом изговорити један број молитви које се онда одбројавају помоћу бројанице. Сасвим супротно, Христова молитва је вежба у побожности која се непрестано обавља поред свакидашњих послова у манастиру или у свету и која ономе који се моли доноси једно посебно духовно искуство.

Приче „ходочасника" садржале су још и један други мотив, важан за руску духовност: то је путовање пешице и нека врста скитње. Изворно странци, путници који су пешачили, били су следбеници секте староверца који нису имали свештенике, за које је било карактеристично да нису имали завичаја и да су стално били у покрету, а што је значило да су измицали државној контроли. Такође се и на ово гледало као на неку врсту аскетизма. Земљом су лутали бројни монаси и често предузимали и далека путовања до чувених манстира и места ходочашћа, до Палестине или на Свету гору. Захваљујући „Искреним исповестима" овај феномен је постао чувен. На ове путнике власти су често гледале са подозрењем пошто их једноставно није било могуће пратити.

Још један посебни облик аскетизма био је у излагању подсмеху. Такозване „луде Христа ради" (јуродиви) били су људи који су се из религиозних побуда правили будалама, допуштали да их исмевају, понашали се неразумно и нису се уклапали у друштвене конвенције. Исти учинак може да се изазове и избегавањем хигијене или нормалног грађанског понашања. Још из хронике кијевске Печерске лавре познат је био монах под именом Исакије који је живео као „луда Христа ради". Ове луде Христа ради утолико подсећају на аскетске праксе из старе црквене историје. Достојевски је овом феномену поставио споменик у личности кнеза Мишкина, у роману *Идиот*.

Из свих ових појава види се да притисак којем је руско православље било изложено из државно-црквених разлога није могао да потисне саму духовну динамику, него да јој је, сасвим супротно, омогућио нове облике изражавања. Заједнички теолошки корен свих ових облика аскезе, на крају крајева, јесте у настојању да се стекну искуства која треба разумети као сусрет са Богом и тако као напор да се дође до спасења. Мистика је овде за тако нешто изнашла читав низ изражајних облика: сагледавање Бога (или созерцање), живот у Богу, спознавање Бога, сусрет са Богом и низ других. За православну традицију важна је теолошка мисао да се спасење схвата као теозис (грч. theosis), што је грчки термин који се може преводити са „оготворење", „обожење". Овај термин изражава да је човеку начелно дата могућност да постане као Бог, да „имате дијел у Божјој природи", како стоји у Новом завету (*Друга посланица Петрова*, 1, 4). У основи је овде присутна мисао да је тиме што је Божји син постао човеком, дакле тиме што је Бог постао човек, и за човека могућ обрнути процес. Како је Бог узео на себе човекову природу, тако и човек може своју природу да сједини са Божјом. И то је оно што изражава теозис. Дакле, циљ свих човекових тежњи, према овом схватању, јесте преобликовање човекове суштине, постајање Богом, а испосници својим напорима покушавају да овај циљ постигну.

„Христова молитва" јесте изворно монашка молитвена пракса. Текстове су писали монаси за монахе. Оно што је карактеристично за православну, а можда посебно за руску духовност јесте да за монахе и монахиње она нема нека правила која су другачија од оних за мирјане. Побожност православних хришћана у свету у принципу се не разликује од побожности житеља манастира. То се види и по томе што је у већини парохија служење часова јавно, бар вечерње (и, обично, добро посећено), а види се и по трајању службе као и по строгим правилима поста чије се поштовање такође тражи и од мирјана.

8.2 Побожност пред иконама

Култне слике у православљу, иконе, на хришћанском Истоку су посебно важан део црквене духовности, као и оне свакидашње. То се јасно види када се уђе у православну кућу или посети нека православна црква.

Руска црква је византијско хришћанство прихватила после завршетка иконоборства (око 730–843), дакле, заједно са већ једном изграђеном теологијом икона. Иконе су у међувремену постале знак препознавања за правоверне. На прегради која одваја олтарски простор од црквеног брода, која је постојала и у раној цркви, сада су постављене иконе. Тако је настао усправни зид од икона, иконостас, који одваја олтар од простора за вернике или, према схватању многих теолога, те просторе спаја. Некоме ко први пут улази у православну цркву необично је што не може да види олтар јер испред стоји висок зид са иконама. После победе икона иконостаси су бивали све виши, тако да могу да се виде и такви који се дижу све до таванице цркве. Често то нису само једноставне дрвене преграде, него озидане или мермерне. Ту су и црквени зидови осликани фрескама. Тек у најновије време видна су поједина настојања да се граде нижи иконостаси који верницима за време литургије допуштају поглед у олтарски простор.

У свакој цркви на налоње су постављене иконе за целивање. При томе то нису било које иконе, него по правилу икона свеца дана (или празничког дана) који је прослављен претходне недеље или икона свеца коме је црква посвећена. Такође и у погледу распореда слика на иконостасу постоји одређени програм који може да варира и да се проширује, али у основи не може да се мења. Када православни верници ступају у цркву, одају почаст прво главној икони у средини црквеног брода. Одавање почасти обавља се тако што се прекрсти, поклони или падне ничице пред сликом и љуби се икона. Често се пред иконом запали свећа која се може купити на улазу у цркву. Целивање икона упражњава се како током службе, тако и када службе нема. Недостојно понашање пред иконама не одобрава се, а у то у строгим заједницама спада већ и ако јој се окрену леђа, руке држе позади или када жене носе панталоне или улазе у цркву незабрађене.

И у приватној и у индивидуалној сфери иконе имају за побожност важну улогу. У сваком стану традиционално постоји један „леп угао" у коме виси неколико икона и пред којима најчешће гори кандило. Онај ко као православни хришћанин улази у собу, поклони се и прекрсти пред овим иконама. Иконе су такође место пред којим се обично моли. Ни пред иконама у стану не треба се недолично понашати, а постоји обичај да се икона окрене зиду ако дође до сваће. Приликом крштења деца добијају мале иконе (или се поручи икона, понекад онолика колико је дете дугачко). Преминулом се у ковчег ставља икона. За путнике постоје мале иконе које се могу носити, направљене тако да се не оштете за време пута и које могу да се поставе на другом месту.

Шта је теолошка идеја која се крије иза овог односа према иконама? Појам „култне слике" упућује на то да је са овима повезан неки култ, дакле поштовање. У теологији икона која је настала у вези са иконоборством, пробила се идеја да слика има удела у праузору, дакле представа да је у приказу неке личности присутно нешто и од саме те личности. Ми то знамо и из профаног искуства када код себе држимо слике нама важних људи или их држимо тамо где их увек можемо видети. Ове слике се не схватају само као подсећање, него представљену особу на неки начин чине присутном, тако да је за многе људе и сама помисао да је униште врло тешка. Ако слика, дакле, садржи и стварност онога што приказује и гарантује неку врсту присуства, и ако је Исус Христос приказан на икони истински човек и истински Бог, онда је у Христовој икони присутан Бог. Већ по тој логици подразумева се да икони мора да припада посебно поштовање. Ако и пошто, дакле, слика јемчи присуство Бога, молитва пред иконом, побожно штовање и посебно уважавање за вернике се подразумева само по себи.

У складу са овим, код икона се не ради о неком натуралистичком приказивању. Иконоборци су пружали аргументе да Бог не само да не сме да се приказује – сходно старозаветној забрани прављења ликова у *Петој књизи Мојсијевој*, 5, 9 – него да уопште и не може да се прикаже, и да због тога иконе не могу ни да се замисле. Присталице икона су одговарале аргументом да је тачно да не може да се прикаже божанска природа, али да се може приказивати богочовек Христ којега су гледали његови савременици за време његовог земаљског живота. Дакле, иконе не приказују Христа што реалистичније, него стилизовано у одређеној форми. Могућност слободног приказивања ограничава се још више тиме што традиција познаје различита чуда са иконама, рецимо она о иконама које су пале са неба, или о отиску Христовог лика на марами за коју је га замолио један краљ. Дакле, не ради се о томе да се изведе слика што сличнија узору или пралику; напротив, посредством слике треба да се омогући присутност оног што се приказује. Иконе не служе да покажу како неко или нешто изгледа, него да оно што приказују учине присутним.

Иконописци, који су често монаси (или монахиње), своју делатност не схватају као уметност него као религиозни чин на који се припремају молитвом и постом. Њихово настојање не иде за тим да дају сопствени печат у сликању иконе; сасвим супротно, предлошци треба да се пренесу што је могуће верније. Сагласно томе, ни верници на схватају иконе као уметност, него као тајанствено присуство Бога у свету. За посматраче са стране иконе често делују као „штанцоване", као да су без уметничке иновације. Међутим, то и јесте намера уметника. Истина, могуће је на основу стилских разлика идентификовати различите школе као и поједине сликаре, премда ови не држе до тога да се ту испоље кроз неки индивидуални стил или личну ноту. За теолошко разматрање икона такви су детаљи без значаја. Зато, сагласно оваквом схватању, иконама по православном мишљењу није место у музеју или некој збирци. Оне су култни предмети и као такве треба да буду предмет поштовања. Питања да ли је нека слика „права" икона, питања њене старости, питања ко је иконописац или колико вреди, по православном схватању потпуно су ирелевантна. На крају крајева, икона је и одштампана сличица залепљена на лесонит као и нека стара, сликана руком. Да бисмо разумели иконе и теологију икона, морамо се, дакле, ослободити представе да се ради о уметничком делу. То би могао да буде случај са уметничког становишта, али је за теолошко разумевање икона без значаја.

У прилог побожности према иконама развијени су теолошки појмови. Руска теологија је испочетка прихватила теологију икона која се обликовала у вези са иконоборством VIII и IX столећа. Јован Дамаскин, Герман I Цариградски, патријарх Нићифор и Теодор Студит најважнија су имена из времена које овде помињемо. Сукоб се тада одиграо око христолошких питања, дакле, око тога ко је Исус Христос, који је однос Бога и човека у Исусу Христу. После овога, у грчким областима више није било значајнијег развоја теологије икона, а ни за руске ауторе није више постојала потреба да пишу дела у одбрану икона. Али у XX столећу настала су нека важна дела из области теологије икона. Павле Флоренски је на ову тему објавио два списа (*Иконостаси* и *Обрнута перспектива*, између осталог уз оштру критику западног религиозног сликарства), а Сергеј Булгаков књигу под насловом *Иконе и поштовање икона*, док се источном теологијом икона позабавио и низ аутора у избеглиштву, можда побуђени сусретом са Западом и његовим сасвим другачијим представама о сликама.

Показује се, међутим, да данашња пракса побожности према иконама често прекорачује оно што су заступали класични грчки аутори. Да би одбили приговор о обожавању идола, за ове је увек било важно да се не ради о слици као таквој, о дрвету и боји, него о присуству приказане личности. Икона на којој не може да се препозна личност, може отуда да се сматра обичним комадом дрвета. Данас се са иконама које се, због гарежи од свећа, више не могу употребљавати поступа са највећим страхопоштовањем и оне се сахрањују или спаљују. Идеја о присутности онога што икона приказује код старих аутора, идеја која зна за непостојање сличности између праузора и праслике, не допушта хипостазирање слике. Народне верске представе о томе како иконе „гледају" према ономе шта се догађа у неком простору, или да су иконе „прозор у вечност", од овога су врло удаљене. Тек су аутори XX столећа даље развијали теологију икона и при томе покушавали да бране такве представе.

Побожност према иконама иде у сусрет човековој потреби да материјализује своје религиозне представе, дакле, да има нешто што је опипљиво, видљиво и што је у извесном смислу на располагању. Ово је у сагласности са једном основном антрополошком компонентом према којој ни хришћанство није било отпорно, будући да је столећима живело са јеврејским наслеђем у коме нема слика. Христолошка разматрања о могућности приказивања, сигурно могу да се односе само на слике Исуса Христа; ипак, постоје (и постојале су), између осталог, иконе на којима је Богородица, други свеци, чак и догађаји, па и иконе на којима се приказује календар (кроз слике светаца који падају у одређене дане). За ове случајеве принципи теологије икона могу да важе само ограничено или да уопште не важе; али и поред тога, пред њима се исказује исто поштовање као и пред иконом Христа. То је знак не само колико се пракса икона развила у односу на основне теоријске принципе, него говори и о основној људској потреби да материјализује религију.

Иако се живописање икона не схвата као уметност, оне могу да се разматрају и са становишта историје уметности. При томе се уочава да су се у Русији развиле многе школе које се разликују по својим стилским особеностима. У различитим таласима могу се осетити прво грчки а потом западни утицаји. Као пример може да се помене иконописац Теофан Грк који је деловао у Русији од 70-их година XIV столећа и који је на прелазу у XV столеће живописао Сабор у Кремљу. Он и његов савременик Андреј Рубљов представљају врхунац руског живописања икона. Током XV столећа, због османске експанзије долази до досељавања, па тиме и до већег утицаја Бугара, Срба и Грка. У западним областима, касније, није за занемаривање ни латински утицај, тако да настају иконе које су по облику и мотивима под утицајем барокног сликарства.

Од икона које приказују личности, начелно су живописане само оне које се односе на Христа и свеце. Деведесетих година XX столећа у Русији све чешће су се могле видети иконе које приказују последњег цара Николаја II. Црква се дуго опирала идеји да канонизује цара, а приликом преноса земних остатака царске породице са места убиства, из Јекатеринбурга (у совјетско време Свердловск) у гробницу Романових у Санкт Петербург, био је присутан председник Јељцин, али ниједан представник цркве. На црквено вођство је вршен притисак, потхрањиван из појединих интересних кругова, али и из обожавања које се ширило међу верницима, и то се манифестовало кроз иконе. У лето 2000.

цар је проглашен за свеца заједно са својом породицом (и са стотинама других мученика совјетског режима). Иконе које су насликане пре овога акта проглашења тумачене су као знамење саборности, дакле, као знак да је истина већ била у народу Божјем и пре званичне црквене одлуке.

8.3 Исповедање вере данас

Данашња панорама религија и религиозности у Русији веома је шаролика. Поред оних који припадају Руској православној цркви или некој од мањих верских заједница, постоје и многи који себе називају једоставно „хришћани", дакле не осећају се припадницима одређене вероисповести, а постоје и они други, који су арелигиозни, већином агностици, а такође постоје и атеисти. Границе између ових група свакако се преклапају. Управо представници комунистичке партије често праве коалиције са политичарима који себе сматрају православнима или користе православни вокабулар не би ли задобили симпатије бирачких гласова. У Москви се 1999. појавила књига под насловом *Вера и оданост*, са поднасловом „Проблеми религијског препорода Русије"; на унутрашњој страни омота може се видети икона Богородице, а у књизи и портрет аутора пред црквеном заставом. Аутор је нико други до Генадиј Зјуганов, председник Комунистичке партије Русије. Могу се навести бројни примери који показују да је данашња верска ситуација у Русији једно шаролико поље.

У годинама после краја Совјетског Савеза могуће је без великих ограничења спровести социолошка истраживања религиозности. Раније је било само неколико таквих испитивања која су се у партији спроводила у информативне сврхе и у великој тајности. Дакле, више не постоје административна ограничења. Али, показује се један други проблем, наиме, недостатак адекватног инструментаријума. Са изузетком некадашње Југославије, у комунистичким земљама једва да је било развијених истраживања из социологије религије, а постојала је и постоји, како сада тако и онда, снажна оријентација на западне моделе. Није, дакле, јасно која то питања треба поставити да би се схватила православна религиозност. Типично „католичка" питања, као што су она о присуствовању недељној литургији, или она типично „протестантска" – да ли имате или да ли читате Библију? – могу да дају интересантне увиде, али нису довољна да пруже слику о актуелној религиозности у Русији.

Покушај да се разуме данашња верска пракса отежан је и тиме што се из бројних истраживања која су спроведена последњих година добија једна крајње нестална слика. Веома је променљив број оних који за себе тврде да су православни. Већ питање „Јесте ли православни?" или „Припадате ли православној цркви?" има врло различите резултате: православље као ознака идентитета не мора нужно да се доводи у везу са чланством у некој конкретној организацији. Године 2002. спроведен је попис становништва у коме није било питања о верској припадности. Било је гласова да је то учињено на захтев Руске православне цркве, која није имала поверења у власти, а уз то се плашила да би број њених припадника могао да испадне много мањи од њених сопствених процена и несразмеран њеном угледу у јавности.

Приликом једног репрезентативног истраживања на 1.600 испитаника у више од сто места, које је спроведено 2005, постављено је питање: „Независно од тога да ли идете на литургије или не – да ли би сте рекли да сте религиозан човек?" Том приликом је 57% изабрало одговор да „јесте религиозан човек", 36% је одговорило да „није религиозан човек", а 4% да је убеђени атеиста. Преосталих 3% одговорило је са „не знам" или није дало никакав одговор.[46]

Анализа одговора показује скоро све индикаторе које таква питања одликују и у другим државама: жене се чешће него мушкарци изјашњавају као религиозне, а људи са нижим образовањем и мањим приходима чешће него они са вишим степеном образовања, пензионери више него други слојеви становништва. Код становника градова који имају више од 500.000 становника број оних који се изјашњавају као нерелигиозни највећи је. Ипак, постоји и једна значајна разлика у односу на западноевропска друштва: код младих људи између 18 и 24 године број оних који се изјашњавају као религиозни са 58% јесте мало изнад просека; у следећој старосној групи (25–34 године) са 49%, тај број је најмањи.

Истовремено, према том истраживању, проценат оних који посећују цркву низак је као ретко где у Европи: број испитаника који наводе да редовно недељом иду у цркву почиње у различитим испитивањима управо од 2% па навише, али никада не прелази више од 10%.[47] Иако се

---

[46] Вид. http://www.rmh.ru/news/res_results/190.html (скинуто 27. марта 2007). Друга истраживања су показала сличне резултате, као http://wciom.ru/arkhiv/tematicheskii-arkhiv/item/single/3756.html (ски-нуто 27. марта 2007), или једно које је објављено у верском часопису „Фома". – Екуменски Институт у Минстеру је заједно са стручњацима из Берлина и Москве спровео анкету 2009. године чији се резултати нису могли узети у обзир за српско издање ове књиге. Неки од њих су објављени у часопису „Osteuropa", број 6 (јун) за 2009. годину.

[47] D. Pollack, „Religiöser Wandel in Mittel und Osteuropa", у: Religöser Wandel in den postkommu¬nistischen Ländern Ost- und Mitteleuropas, изд. D. Pollack u.a., Würzburg 1998, 9–52, стр. 33f., K. Kääriäinen, Religion in Russia after the Collapse of Communism, Lewiston u.a., 1998, пре свега стр. 112.

слична дивергенција може видети и у западноевропским земљама, поготово у државама где постоји државна црква (нпр. у Скандинавији) или у којима постоји црквени порез (нпр. у Немачкој), ипак се може поставити питање шта треба да значи да у некој држави која се сматра хришћанском постоје људи који себе сматрају религиозним, а да то не кореспондира са одлажењем у цркву.

Интересантно ја такође да 97% људи који се изјашњавају као „православни" за себе кажу да верују у Бога – што значи да постоји не мање од 3% „православних" који не верују у Бога. А 29,6% Руса који себе не сматрају верницима ипак верују у Бога. Уз то 27,9% оних који се изјашњавају као православни моле се свакодневно (и када није богослужење), а према сопственим наводима 5,4% православних иде у цркву недељно, а 11% месечно. Чињеница да је број оних који се редовно моле Богу много већи од оних који иду у цркву – указује да постоји једно „православље изван зидова цркве",[48] дакле, једна форма православне религиозности која не одговара проценту одлазака у цркву.

Да би се ови односи разумели, у Русији се уводе различите категорије религиозности и „оцрковљења". И једна и друга могу се описати једино комбиновањем поменутих индикатора. За објашњење оцрковљења повезују се питања вере у Бога, редовног одласка у цркву и причешћивања са исповедањем, поштовањем правила поста и коришћења црквених молитвеника у кућној молитви. Резултат показује да само мали број оних који себе описују као „православне хришћане" могу да се сматрају у пуној мери оцрковљеним; већина испитаника оцрковљена је у

---

[48] *Orthodoxy beyond the Walls of the Church* – наслов досад још необјављене дисертације И. Наљотове (Boston 2006).

узузетно малој мери. На основу тих испитивања различити истраживачи дошли су до резултата да удео „црквеноправославних" није у становништву већи од 5–7%. Они који потпадају под овај проценат често се означавају као „реално", „традиционално" или „црквеноправославни", док су остали „номинално" или „културноправославни".

Овакви резултати испитивања упућују на бројне феномене: у групи оних који себе означавају као „религиозне" или „православне" постоје значајне разлике. То што неко себе самог означава на одређени начин ниуколико није довољно да би се могла адекватно описати религиозност руског становништва. Уз то, ваља имати у виду и да су данас највећи број православних верника у Русији заправо „неофити", дакле оних који су православљу приступили последњих година. Они се често одликују неким посебним радикализмом својих погледа, који неретко иде заједно са врло слабим познавањем хришћанских и православних начела, док, међутим, често преузимају на себе улогу „чувара" чистоте православља. Последица свега јесу магловите представе и ригорозан став у многим питањима верског живота.

Надаље, јасно је да религиозност не мора да има неку безусловно важну улогу у свакидашњем животу. Од религиозних само њих 60% изјављује да је Бог важан у њиховом животу. Дакле, између религиозног веровања и свакидашњег живота не мора да постоји подударност; може се бити религиозан а да то нема последице за сопствено чињење.

Супротно овоме, у истраживању на цркву се по правилу гледа као на институцију која ужива велико поверење, у сваком случају, веће него политичке или државне установе. Тако се црква често сматра институцијом чије је постојање важно и онда када неко није религиозан.

Дакле, многи људи изјављују да религија и вера у Бога није толико важна за њих саме, али су уверени да је православна црква установа која заслужује поверење и да је њено постојање важно за Русију.

У данашњој Русији могу се уочити многи феномени из области парарелигиозности. Широко је присутно веровање у астрологију, НЛО и бројне друге натприродне појаве, и то код људи који за себе тврде да су православни. Стално изнова појављују се извештаји о чудесним излечењима као и групе и покрети које предводе харизматске вође и при томе посежу за православном терминологијом или симболиком. За многе људе очигледно веровање у такве ствари није у супротности са њиховом православном вером.

Јасно је да појам „православље" у данашњој Русији није само ознака за православну цркву, него је шифра и за многе друге садржаје. Феномен да човек за себе каже да је православан, а да не верује у Бога, или да на било који начин у животу показује да је православни хришћанин, указује на то да се категорија „православље" овде односи на идентитет. То се јасно види после краја Совјетског Савеза, који је значио и крај једног датог и општеприхваћеног система вредности и норми. Празнину која је настала многи људи свакако су попунили окретањем нечему што је наслеђено, наиме православљу, а да нису увек били свесни ни садржаја нити последица таквог једног исповедања.

8.4 Православље и идентитет

Важна улога православља као *ознаке идентитета* може се показати у бројним областима; то се односи како на религиозност, тако и на однос између цркве и државе или између руског православља и Запада. Слични феномени постоје и у западним црквама и друштвима; ипак, важно је констатовати да у свим овим случајевима религија врши другу функцију од оне коју приписује сама себи. Ни у једном од ових случајева нека верска заједница себе не сматра средством којим се обезбеђује национални, државни или неки други идентитет. Религије су уверења која хоће да објасне свет и човека и да понуде пут да се човек избави из стања безизлаза. То такође води формирању идентитета, али то није примарни циљ религије како се она сама по себи разуме.

Историјски гледано, у Европи су обликовању националних идентитета доприносиле пре свега хришћанске вероисповести. То посебно важи за Источну Европу. Разлика између протестантских Пруса, римокатоличких Пољака, православних Руса и гркокатоличких Украјинаца (а такође и Јевреја) било је у Галицији XIX столећа одлучујуће и управо је религијско диференцирање тамо допринело настанку украјинске националне свести, као што је то уосталом био случај код католичких Хрвата, православних Срба и муслиманских Бошњака. И управо православној цркви, која је због своје организационе структуре и због дуготрајне османлијске власти у свим православним државама осим Русије развила јаку везу са нацијама, припада велики значај за развој нација.

У својој иначе спорној књизи *Сукоб цивилизација и преобликовање светског поретка* амерички политиколог Самјуел Хантингтон линију између православља и западних вероисповести поставља као најважнију линију раздвајања у Европи.[49] Чак ако и занемаримо гледања на

---
[49] Самјуел П. Хантингтон, *Сукоб цивилизација и преобликовање светског поретка*, Подгорица, 1998.

Европу, која су у основи Хантингтоновог схватања света, поставља се реално питање зашто источноевропским државама, које су обележене православљем, са демократизацијом после 1989. иде много теже него онима које долазе из протестантске или католичке традиције. Може се навести ауторитарна прошлост, која не само да не познаје демократску традицију него је у њој веома касно отпочео развој друштва; раније смо управо указали да се за царску Русију говорило да је „друштво као државна установа". Велике тешкоће у развоју грађанских друштава у овим државама могу се повезати са овим историјским оптерећењем.

Истовремено, мора се рећи да се Руска православна црква веома критички изражава не само о западним идејама о грађанском друштву и демократији, него и о вредностима које на Западу чине саму срж друштва – на пример о људским правима. Многи високорангирани представници цркве указивали су на то да се ради о западним схватањима која не важе за православље нити за Русију. Темељи руске демократије јесу „јединство и сагласност", изјављује у лето 2005. митрополит Кирил (Гунђајев), тада управник црквене спољнополитичке канцеларије и данашњи патријарх[50] – што је модерно тумачење саборности али и дистанцирање од западних концепција за које су конститутивни елементи плурализам и конкуренција идеја.

Руско православље столећима је заступало државне идеје које и даље прожимају руску државу. То подразумева да је оно пратило империјални развој Русије и да је црква била црква православних у Руској царевини – и то се јасно може показати у односу на Украјинце и Грузијце. Такође, руским освајањем одговарајућих области и народа

---

[50] Упор. www.kirchen-in-osteuropa.de/archiv/05080402 (= информативна служба Источне цркве, део Б, од 4. августа 2005.

обраћени су у православље и „незнабошци", следбеници традиционалних религија, и то често уз примену државне принуде. Чињени су и покушаји мисионарења према муслиманима, премда безуспешно. Руско православље је себе сматрало супериорним над тим религијама и живело је са свешћу да ако и није религија већине, а оно да је ипак религија елите Руске царевине. С појављивањем националних идеја у XIX столећу могу се такође запазити националистичке активности у руском православљу, поготово у односу на Украјину и тамошње црквене тежње. Начелно, може се рећи да је руска црква ипак заступала империјални став, да је имала своју позицију у односу према царевини, према империји. Полазећи од оваквог схватања, може се објаснити и релативна толерантност према осталим религијама. Мање православне цркве у Југоисточној Европи, које због историјских околности нису могле да изграде империјалну свест, усредсредиле су се на сопствену нацију и често су сматрале да су муслимани „у ствари" припадници њихове нације. Тек у новије време у руском православљу такве су националне тенденције сасвим видљиве, што је условљено околношћу да први пут у историји милиони православних Руса живе изван Русије. Руси су „закаснела нација" утолико што је држава себи „изградила" нацију. Црква, некада јаче везана за државу него уз нацију, сада се заузима за интересе пензионера у Литванији којима не исплаћују пензије – дакле, бави се Русима у иностранству са једне изразито националне позиције.

Могућности идентитета које данас у Русији нуди православље уско су повезане са руском нацијом, али и са историјском величином Русије и, нереко, и Совјетског Савеза. Оне се тесно наслањају на припадност Русима и лако се повезују са другим националним идејама. То може да води необичним политичким коалицијама, како смо већ назначили, које никако нису у складу са политичком логиком. Дакле, за национално свесне православце антицрквена прошлост комуниста није толико важна само ако они заједно са њима заступају исте циљеве поновног успостављања величине Русије, величине коју су исти ти комунисти једанпут уништили. И насупрот овоме, за политичку левицу неопходно је да се отвори према цркви и црквеним темама јер се тиме у данашњој Русији повезују један важан друштвени чинилац и једна позитивна вредност.

Истовремено, повезаност руског идентитета и православља за последицу има да се кроз цркву култивишу традиционалне вредности. Руска православна црква је досад на многе изазове *модерне* понудила традиционалне одговоре. За пример овде може да послужи став према хомосексуалности. Црква реагује тако што овај феномен квалификује као грех и позива на преобраћење. До сада није могао да се запази неки диференцирани приступ у разумевању хомосексуалаца или пасторални одговор. Модерна Русија је држава у којој се могу видети исте појаве и питања као и у западним друштвима, премда каткад уз извесну уздржаност. Таквим својим ставом црква ће се дугорочно изоловати од модерних струјања и тако много изгубити од свог друштвеног значаја.

9 РУСКО ПРАВОСЛАВЉЕ И ЗАПАД

Руска црквена историја може да се чита и као настојање цркве да пронађе стратегије против западних утицаја које је она одувек осећала као претњу. То се односи на настојања римске цркве да оствари утицај на територији „Руске земље", нарочито када се Литванија одлучила за католичку цркву. То се исто тако односи и на уније, на неуспешну Фирентинску, као и на успешну, Брестовску, према којој су православне епископије које су до тада припадале Москви, прихватиле, односно морале да прихвате другу црквену припадност. Даље, одбијање се односи на црквене структуре које је Петар I наметнуо својој цркви, на одбијање теолошких и духовних утицаја и модела који су пролаз до Русије нашли преко Кијева а касније директно, па све до неприхватања модерних појава које се сматрају „западним" и квалификују етикетама „либерализам" или „индивидуализам", и под чиме се подразумевају пре свега просветитељске идеје. Могли бисмо да сматрамо извесном историјском иронијом то што су бројни западни утицаји ипак ухватили корен и дали свој печат руском православљу. И данас се велики противници Запада својим истицањем нације, у ствари, позивају на западњачку концепцију.

9.1 Утицај и претња

Стално спорење за Западом условљено је већ и самим географским положајем Русије. На северу, границу територије одређује Ледено море, на истоку су то пространства Сибира, односно степе, на југу су Кавказ и Црно море границе према исламском свету, на југозападу се налазила Украјина са својом историјом нестабилне власти и Карпатима као природном границом према простору Балкана, док је на западу то стално променљива граница према Пољској и Литванији. Премештање „Руске земље" из Кијева на север, односно североисток, одмах је водило изоловању царевине од остатка Европе. У време сукоба са Татарима, држање према Западу било је дефанзивно због ратних похода Швеђана и Тевтонског реда. Ови догађаји дубоко су се урезали у колективно памћење, или, прецизније, они увек могу изнова да се призову из тога памћења.

Постепено окретање Западу везује се за коначно стабилизовање Москве, за самосталност православне цркве и за политичке промене у XVI столећу. Московско царство привлачило је све већу пажњу пошто је постало чинилац у међународним односима, а то више није могло да се занемарује. Мада између XII и XVIII столећа није било династичких веза са западноевропским владарским кућама,[51] Русија је сада важила као партнер у „концерту" европских држава и то упркос свом маргиналном положају и оскудним сазнањима које су Западњаци имали о „Московији". Растао је број западних посланстава. Поред

---
[51] Упор. H.-J. Torke, *Einführung in der Geschichte Rußlands*, München 1997, стр. 35. Торке чак говори да је „династичке бракове [...] спречила православна страна".

све већег броја Грка, који су после пропасти Византијске царевине дошли у Москву, у градњи и обликовању Кремља учествовали су пре свега Италијани. Из таквих контаката су и потицали први извештаји о Русији на Западу. Најчитанији је био извештај хабзбуршког посланика Херберштајна, који је у Русији боравио 1516–17. и 1526–27. Знатно касније, тек 1549, појавио се његов спис *Rerum Moscoviticarum Commentarii*. Својом књигом, која Русију процењује према западним мерилима и приказује је негативно, он је на дуже време оцртао немачку и европску слику о Русији, поготово што су се тек после неког времена појавили извештаји енглеских путника који су посетили Русију. Пошто је Херберштајн имао налог да испита и изјаве једног руског посланства, код њега се јавља и читав низ запажања о црквеним приликама. Цео овај ток информација текао је искључиво у једном правцу јер није било ни руских извештаја о Западу, нити је било Руса који су путовали у Западну Европу. Извесна могућност да се Запад ближе упозна у Русији појавила се тек током Петрових реформи, као и посредством руских војника који су у ратовима против Наполеона доспели до Париза и који су у већем броју слали у Русију извештаје са Запада и о Западу.

Већ је на преласку из XV у XVI век у Москви био период италијанског утицаја. Под владавином Ивана III и његове жене Византинке Зоје (одн. Софије), позвани су италијански градитељи да реконструишу и изграде московски Кремљ. Утицај италијанске ренесансе може се уочити на обе најважније и највеће кремаљске цркве, Успенском сабору и Архангелском сабору, у којима су биле гробнице московских великих кнежева и царева.

У црквеном и теолошком погледу утицај је на почетку долазио скоро искључиво преко Кијева. Изгледа да је Украјина, због свог положаја и старе припадности „Руској земљи", и због каснијег поробљавања од стране Литваније и Пољске, била предодређена да постане карика која повезује Русију и Запад. Пољским властима није било од интереса да имају православне поданике који су у црквеном погледу били подређени Москви. Оне су подржавале идеју о Унији и тиме конверзије. Поунијаћени јерарси (али и православни) у Пољској-Литванији потрудили су се око образовања својих теолога; оно се за следбенике Уније стицало на језуитским колигијумима који су настајали широм Украјине да би се теолози из Пољске-Литваније образовали у духу пријатељства према Унији. Није тешко докучити да се тиме перцепција католичанства као претње само још појачала. Неки од ових теолога такође упућивани су и у Рим. Као што се могло видети, после завршетка студија многи од њих су се вратили својој изворној православној цркви. Не може се, наравно, утврдити да ли је то била њихова рачуница или пак двоструко мењање убеђења. У сваком случају, језуитско-католичко образовање била је једина могућност да се стекну солидна филозофска и теолошка знања којих у самој Русији није било. Најзначајнији утицај није био у томе да се усвоје одређене представе или идеје, него у формирању руске теологије које је у будућим столећима требало да има западни, чак схоластички облик. Последице овог уплива, који је Флоровски назвао „латинским ропством" православне теологије,[52] могу се осетити још и данас, премда од XX столећа постоји свест да је нужно враћање на патристичке изворе.

---

[52] G. Florovsky: „Westliche Einflüsse in der russischen Theologie", у: *Procés-Verbeaux du premier congrès de Théologie orthodoxe a Athenes*, изд. H. S. Alivisatos, Athen 1939, стр. 212–231.

Видљиви протестантски утицај јавља се у Русији са Петровим реформама. Европске земље које су на Петра оставиле велики утисак – Енглеска, Холандија, Пруска – биле су протестантске. При увођењу календара Петар се одлучио за јулијански који се користио у протестантским земљама; у то време ове су григоријански календар (иначе тачнији) још одбиле зато што је овај потицао од једног папе. Касније прихватање григоријанског календара од стране свих европских држава није био случај и у Русији тако да је све до револуције 1917. рачунање времена у Русији каснило за западноевропским за 13 дана. Црква јулијански календар користи све до данас. И под Петровим наследницима увек изнова јављале су се протестантске тежње, али оне нису могле трајније да се укорене.

Западни утицај увек је представљао искушење, али је уочаван и као опасност која угрожава руско биће. Ово последње схватање треба сагледати у вези са војним агресијама, које су кретале са Запада, све од витешких редова па до Вермахта. Отуда важан саставни део овог гледања на Запад јесте тежња за освајањем, други је западно хришћанство, које се сматрало католичким: најближи сусед на западу била је и јесте управо Пољска, дакле једна католичка земља, а сусрети са протестантизмом више су били спорадични и нису толико били оптерећени емоцијама.

Начин гледања на Запад може се јасно уочити на једном детаљу од пре неколико година: све до прве године владавине председника Путина руски државни празник је био дан Октобарске револуције који је (због разлике у календару!) падао 7. новембра; после краја Совјетског Савеза празник се звао „Дан пријатељства и помирења". Од 2005. године одређен је нови државни празник

– „Дан националног јединства". Тај дан пада 4. новембра; тога дана (према старом календару 17. октобра) 1612. године, у „смутним временима", руске трупе су московски Кремљ ослободиле од Пољака. Одлука о новом празнику није био само прагматични чин, јер је после комунизма био потребан нови дан сећања, који је што је више било могуће био близу досадашњем празнику. То је и ново тумачење историје које даје данашња руска држава и у њему наглашава јединство против агресије са Запада. Овим празником треба да се подсети да по руском схватању опасност за земљу прети са Запада. Данас је и у Русији јасно да то није војна претња каква је била у историји, али се на Запад гледа као на место одакле долази претња руском бићу, руској култури.

Последица таквих погледа јесте планирано увођење обавезног школског предмета „Основе православне културе"; у неким школама и регионима овај предмет је управо у настави. Овде се не ради о верској настави, него о уводу у руску историју и руско мишљење који се карактеришу као православна историја и православно мишљење. Тако се Русија одређује православљем, а црква се не противи једној таквој дефиницији. До сада расположиви уџбеници и уводи показују да се програм наставе не оријентише толико према култури колико према учењу православне цркве. Садржаји наставе стављају нагласак на посебност руског пута и на дистанцу према западним вредностима и идејама.[53]

Ова запажања у супротности су са позитивном сликом Запада која у Русији такође постоји. Улице су пуне западних аутомобила, у продавницама се продаје западна роба, а за растући средњи слој атратктивне су исте путне де-

---

[53] Упор. J. Willems, Religiöse Bildung in Russlands Schulen, Münster 2006.

стинације као и за западноевропске туристе. А ипак, није мали број оних који, премда и сами уживају те предности, у свему томе виде опасност од превладавања страног елемента и претњу.

9.2 Склапање унија

У римској цркви је у XIII столећу постојала идеја уније према којој православна црква из Цариграда треба да призна папску врховну власт, а за узврат да задржи и даље све своје обичаје. Други концил у Лиону први је пример закључивања уније. Међутим, историјска свест на Истоку у оном битном била је ипак јача: тамо су знали да римски бискупи у првом миленијуму никада нису имали власт над источном патријаршијама какву су сада тражили папе. Отуда се унија из Лиона није дуго одржала, као ни она која је јој следила а која је била много важнија, Фирентинска из 1439.

Али, са католичког становишта, Фирентинском унијом створен је преседан како би требало да изгледа црквено уједињење, а било је (и још увек има) случајева када је такав поступак барем делимично био успешан. У свим случајевима, уније које данас постоје водиле су цепању православних цркава. Ни у једном случају није нека црква у целини приступила Риму (маронити у Либану не могу се рачунати међу класичне уније), него се увек радило о појединим епископима, док су други остали приврежни својој изворној православној цркви. Утолико је са једне стране врло спорно када се код данас постојећих унија говори о „успеху". Са друге стране, могу се видети да резултати таквих унија које постоје вековима, такозване грко-католичке цркве (за разлику према римско-католичкој цркви), данас поседују сопствени идентитет и своју самосвест као источне, али не и православне цркве и као католичке, али не и латинске цркве, а да људи који се идентификују са једном таквом црквом, сасвим разумљиво, имају потребу за пастирском старању о души.

Први сусрет са идејом уније у Русији, наиме, први покушај да се у Москви спроведе уједињење из Фиренце, водио је аутокефалности руског православља (изгледа да у „Руској земљи" није било вести о II концилу у Лиону). Баш пред концил у Фиренци учињен је један покушај да се смањи зависност од Цариграда који је био безуспешан. Митрополит Исидор, који је добио положај кијевског митрополита, пошто је био пријатељски настројен према унији, пре свога одласка на концил, у Москви се задржао само кратко. У Фиренци га је папа именовао за кардинала легата за Литванију, Ливонију и Русију. При повратку у Москву покушавао је – без већег успеха – да пропагира унију међу православцима у Литванији. Тамо није добио подршку католичких бискупа који су журили на противконцил у Базелу и који су били скептично расположени према католичком митрополиту који би боравио у Москви, а био надлежан за Литванију. Овај покушај око Русије завршио се Исидоровим хапшењем приликом покушаја да у Кремљу прогласи Унију.

За Рим је ипак руски простор остао потенцијално област уније. Током реформације улога католичке цркве у европској политици и даље је расла, пошто је она била посредник и предводник католичких земаља и то је остала све до краја Тридесетогодишњег рата; она је у папској држави имала за то на располагању политичка средства.

У Пољској-Литванији је у XVI столећу расла спремност међу православним епископима да се скупа са својим верницима, уз задржавање сопствене традиције, подреде Риму. За ово су постојали различити разлози као што је дискриминација православних у државама које су биле католичке, или снажан притисак противреформације. На једном синоду 1595. сви православни епископи гласали су за одлуку да се Риму понуди прихватање уније. Отпослата су два епископа на преговоре у Рим. Резултат није био онај очекивани; члан о Унији папа није формално потврдио, него га је само допустио. Такође, православне у Пољској–Литванији католичка црква није преузела као заједницу, него само индивидуално. Ипак је папа сачувао и ритуал и јединство цркве са Римом.

Када се се ова два епископа посланика вратили у отаџбину, дошло је до оспоравања њихове намере. На Синоду 1596. двојица епископа су порекли потписе на римском документу и скупа са неким утицајним мирјанима основали противсинод. Упркос примени силе у покушају спровођења уније, некадашња православна црква сада је била поцепана на део који је постао грко-католички и онај који је желео да остане при православљу и у заједници са Москвом. „Поунијаћена" црква је током времена била изложена великом притиску да се прилагоди процесу латинизације, тако да је значајно променила и свој обред. Она је данас још увек препознатљиво источна, али је примила бројне елементе латинске цркве који су у православљу непознати.

Православна црква је у Пољској-Литванији била у тешком положају. Православну свест чувала су такозвана „братства" и кроз разне публикације покушавала да је ојачају. Кијевска Печерска лавра и тамошња школа важили су као бастион православља.

Када су у XVIII столећу области у којима је унија била јака, данашња Украјина и Белорусија, великим делом потпали под Русију, ова тамо није могла да преживи. У неким областима епископи су се подредили Синоду у Санкт Петербургу и тако су поново постали православни, али већина верника морала је да се прикључи римско-католичкој цркви и за њих су у ову сврху установљене бискупије. Унија је могла да се одржи једино у деловима Белорусије, а посебно у западноукрајинској Галицији која је после деобе Пољске доспела под власт Хабзбурговаца, а између два светска рата опет била под Пољском. У вези са новом реакцијом под царем Александром III (1881–1894) дошло је до појачаних настојања на русификацији западних области Царства, где је унија била јака.

После Другог светског рата пољска граница је померена на запад па је тако Галиција припала совјетској Украјини. Власти су 1946. организовале један „синод" на коме су се поједини свештеници и мирјани грко-католичке цркве прикључили московској патријаршији. На томе синоду ипак није учествовао ниједан епископ и ниједан од њих није се сагласио са том одлуком. Сви епископи, осим поглавара цркве, великог архиепископа Јосифа Слипија, који је 1963. био пуштен из совјетског логора и могао да отпутује на II ватикански концил и до смрти 1984. живео у Риму, страдали су у затвору. Уједињење са руском црквом совјетски властодршци спровели су силом. Свештеници су стављени пред избор или да прихвате одлуку или да иду у затвор.

Ипак, у Совјетском Савезу одржала се илегална грко-католичка црква. Постојали су бискупи и свештеници, манастирски живот у тајности и рудиментарно теолошко образовање. Богослужења су обављана у приватним становима или на отвореном. Са украјинском црквом у егзилу, чији је центар био у Риму и која је имала бројне епархије на Западу, пре свега у Америци и Канади, постојале су везе само уз крајњи опрез. Већина свештеника Руске православне цркве долазила је из области у којима је унија била јака, а тамо се налазио и највећи део њених парохија.

Први представници грко-католичке цркве у Украјини усудили су се да изађу у јавност тек у време перестројке. Крајем 1989. било је могуће код власти званично регистровати прве заједнице и дошло је до масовног преласка многих свештеника, верника и целих парохија из руског православља у грко-католичку цркву. При томе је неретко долазило и до насиља јер је било спорно власништво над црквеним здањима. Руско православље је у региону изгубило највећи број својих парохија, поготово што су се током даљих догађања у Украјини од њега одвојиле, односно успоставиле још две конкурентске православне цркве. Руска страна је ове догађаје тумачила као свесну стратегију католичке цркве да успостави утицај у Украјини, као уосталом и посету Јована Павла II Кијеву у пролеће 2001. године. Црквена ситуација у Украјини још је и данас изузетно сложена. Национални аспекти, који карактеришу поједине цркве, имају у свему томе важну улогу.

За руско православље унија је, дакле, метода која не само да десеткује православну цркву, него вернике удаљава и од њихове сопствене традиције. Отуда је слабо убедљив аргумент, који повремено може да се чује са унијатске стране, како је унија парадигма неког будућег црквеног уједињења између Рима и православља, јер данашњи облик грко-католичких цркава на православне вернике делује пре одбијајуће. Руска црква прихватила је чињеницу да постоји грко-католичка црква и она прихвата право припадника те цркве на бригу о души као и на властити црквени идентитет. Али никако као модел за будућност не прихвата закључивање унија. Католичка црква и православље су се у оквиру свог званичног теолошког дијалога 1993. споразумеле око основног принципа: унијаћење није модел за уједињење цркава, али данашњи католици источног обреда јесу црквена реалност и они траже свој идентитет.[54]

У самој Русији се почетком XX столећа јавио један краткотрајан покушај да се оснује руско-католичка црква. Данас постоје католички активисти који то опет покушавају услед непознавања историјских околности и непоштовања екуменских принципа католичке цркве. Њихов утицај је до сада незнатан и не може се очекивати да се повећа. Међутим, они су способни да појачавају утисак руске цркве како је католичка црква једна агресивна организација.

9.3 Екуменски односи

Међуцрквени односи су се у XX столећу значајно променили кроз екуменски покрет. Покрети за „Веру и црквено устројство" и за „Живот и рад" као и светски мисионарски покрет довели су 1948. до оснивања Екуменског савета цркава (Светски савет цркава). Католичка црква се на II ватиканском концилу (1962–1965) отворила према екуменизму и од тада води читав низ пре свега билатералних дијалога са другим црквама. Осим тога, црквена сарадња на терену, дакле, међу парохијама, значајно је побољшана кроз екуменски покрет.

---

[54] Упор. *Споразум из Баламанда*: http://www.verujem.org/ekumenski_dijalog/balamand.htm.

Руска црква је у XIX столећу водила дијалог са енглеском црквом као и са старокатоличком. Ове две су за православље биле интересантне као партнери за разговор пошто се радило о „католичким" црквама које су имале схватање епископата и светих тајни слично православним и што су исто као и православне одбијале римске претензије на примат. Ови контакти, међутим, прекинути су због Првог светског рата, а понајпре због Октобарске револуције.

После 1917. руско православље више није могло да одржава екуменске односе. Изузетак су чинили теолози у емиграцији који су у тим контактима били врло активни. Совјетској влади није било у интересу да црква има односе са иностранством. За време Другог светског рата, 1943. године, англикански надбискуп од Јорка посетио је Москву, али је тај сусрет имао пре свега политички разлог, наиме, да би се демонстративним наглашавањем верских слобода у Русији узвратило на пропаганду Немаца, који су у окупираним областима једном либералном политиком према религији покушавали да стекну наклоност народа. На једној конференцији која је 1948. одржана у Москви, на којој су учествовали и представници других православних цркава, посебно из оних држава у којима су завладали комунисти, оштро су осуђена екуменска настојања укључујући и оснивање Светског савета цркава као и католички покушаји експанзије.

Ипак, став Руске православне цркве према Светском савету цркава врло брзо се променио. Разлози за ово нису непроблематични; вероватно су власти проценили да би Савет могао да буде инструмент уз чију би помоћ Совјетски Савез могао у иностранству би прикаже свој положај. И сама црква је, наравно, имала интерес да после деценија изолације оствари однос са другим црквама, пошто су се ови до тада фактички сводили само на контакте са другим православним црквама у Источном блоку. Осим овога, тиме се хтело ставити до знања да Васељенска патријаршија у Цариграду не може претендовати да буде једини или барем најважнији представник православља.

Најзнатнији иницијатор екуменских односа у руској цркви био је тадашњи лењинградски митрополит и руководилац одсека за спољне везе цркве Никодим (Ротов). Он је био посебно близак католичкој цркви; симболична је овде и његова смрт 1978. приликом аудијенције код папе Јована Павла I. Као и сви руски јерарси и он је на Западу у политичким питањима заступао званичну линију Совјетског Савеза. Познато је да је управо он екуменске односе користио да у оквиру могућности оствари теолошку размену између руске и западних цркава. По повратку са екуменских сусрета имао је обичај да исцрпно обавештава студенте Теолошке академије у Лењинграду, тако да су ови били информисани о ситуацији на Западу и у западним црквама као и о екуменским пословима, премда тога није било у наставном плану.

У билатералним екуменским разговорима, које је руска црква водила са многим црквама, међу њима и са евангелистичком у обе немачке државе као и са католичком немачком бискупском конференцијом, руска страна је нагласак стављала на то да се поред теолошких тема у ужем смислу увек обради и нека социјално-етичка, а често и нека тема о теологији мира. У саопштењима са таквих сусрета увек стоје изјаве о трци у нуклеарном наоружању, идеје о космичким ракетним одбрамбеним системима или о конференцији за европску безбедност и сарадњу. Домет тих разговора и изјава данас су спорни. Док су их једни одбацивали као чисту пропаганду, и западне партнере сматрали „корисним идиотима", други процењују да су се ове политичке теме могле да се подигну на теолошку раван. Оваквих различитих процена има како на Истоку тако и на Западу. Тачно је да је за совјетске власти прихватање ових тема било услов да би уопште допустиле дијалог; оне се нису појавиле вољом цркве. У сваком случају тема „мир", која свакако има дубоку теолошку димензију, унета је теолошку агенду и руског православља и њихових партнера у разговору. Тачно је такође да је западни партнер знао за ситуацију у којој је била руска црква и да су разговори са обе стране коришћени да би се размењивале информације и мимо дневног реда и званичног програма.

Поред билатералних разговора треба поменути и ангажовање руске цркве у мултилатералној екумени, пре свега у Светском савету цркава и у Конференцији европских цркава основаној 1959/64. године. Високи представници Руске православне цркве у тим организацијама имали су и функције. Митрополит Алексије (Ридигер) пре избора за патријарха био је председник Конференције европских цркава. И овде се руска црква потрудила да утиче на агенде тих организација, па је тако једна од теолошких тема 70-их година постао и расизам. Поред овога, руски теолози учествовали су и у дискусијама о оригинално теолошким темама, као што је такозвани „Процес Лима" чији је резултат био врло цењени докумет о крштењу, еухаристији и свештеничкој служби, који је објављен 1982. године.

Са крајем Совјетског савеза долази до видљивог опадања екуменског ангажовања руског православља. За то постоји читав низ објашњења. Екумена више није морала да служи као пут којим ће представници цркве остваривати контакт са иностранством. Државна надлештва

Руске Федерације више нису били заинтересована (или једва да јесу) за стране контакте руске цркве, тако да за њене активности више није било ограничења. Поновно оживљавање грко-католичке цркве у Украјини као и расколи у украјинском православљу били су даљи разлози уздржаности руског православља, пре свега према католичкој цркви. У екуменским телима расправљало се о другим темама, у којима православље није налазило простор за сопствено деловање. То су биле теме као што су веће учешће жена у управљању црквом све до рукополагања, или став цркава према хомосексуалним облицима заједница. Коначно, због већине цркава из рефоматорске традиције у екуменским гремијима, православна црква је осећала да није представљена на примерен начин и захтевала је структурне реформе Светског савета цркава и Конференције европских цркава. Ове две последње тачке важиле су не само за руско православље, него за све православне цркве. Захтеви да се сасвим повуку из екумене, којих је такође било, нису могли да се остваре. Присталице остајања држале су се става да би тиме православни теолози имали могућност да пред представницима других цркава сведоче о правој вери, што је аргумент који су православни теолози одувек користили у свом екуменском ангажовању.

У посебној мери су се погоршали односи према католичкој цркви. Ситуација у Украјини била је основа за стварање римокатоличких црквених структура у државама наследницама Совјетског Савеза у којима, осим у претежно католичким у Литванији, и у Летонији, није постојала католичка хијерархија. Врхунац овог процеса било је подизање дотадашње четири католичке апостолске административе у Русији на ранг бискупија и формирање, у фебруару 2002, католичке црквене провинције „Русија" са митрополијом у Москви. Из обзирности бискупије нису назване по именима градова у којима им је седиште, него према катедралама („Бискупија Св. Јосифа" у Иркутску, на пример), али ипак бискупије су основане фактички без претходног обавештавања православне цркве. Последица је била међусобна јавна размена прекора и оптужби. Руска страна говорила је о католичком прозелитизму, тј. да је католичка црква свесно врбовала православне вернике. Како се наводи, управо су тој сврси и служиле каритативне установе католичке цркве. Ову сумњу ојачала је чињеница да многи редови који делују у Русији у свом назива имају реч „мисија". Са католичке стране већина ових прекора је одбијена, а наглашавани су проблеми које католичка црква има са руским властима.

У дебати која је уследила, руска страна је као аргументе користила појам „канонске територије". Према томе, она је на њој надлежна за евангелизацију. Католичка црква може да води бригу о души за своје сопствене припаднике као и за потомке католика, дакле и за Пољаке или Литванце које је Стаљин протерао у Сибир. И појединачне конверзије по основу савести нешто су чему не треба тежити, али не могу се ни избећи па тако ни прихватити. Католичка црква не би смела да мисионари систематски, јер то не чини ни православна црква у католичким областима. Католичка црква је као одговор навела аргумент слободе вероисповести. После деценија атеизма постоји духовни и религиозни вакуум. Различите верске заједнице могле би да постоје једна поред друге и имале би право да прихватају нове вернике. Надаље, католичка црква покушала је да ублажи оштрину спора што се, опет, искомпликовало тиме што су руске власти католичком бискупу Иркутска, Јиржију Мазуру, пољском држављанину, после пута у иностранство ускратиле поновни повратак у земљу и одузеле дозволу за боравак. Руска православна црква узвратила је да са тим нема ништа; министарство спољних послова и председник Путин објаснили су да је ускраћивање повратка било оправдано.

Тешко да је могуће дати прикладну оцену ових догађаја. Сигурно је да су обе стране деловале круто. Неке од конкретних замерки које је изнела руска црква прихваћене су од стране католичке цркве као грешка, друге су одбијене. У позадини стоји различито вредновање појмова верске слободе, односно канонске територије. Руска црква је говорила о „потенцијално православним верницима" и при томе мислила на Русе који за време совјета нису били религиозни, али би требало да буду „заправо" православни, тако да католичка црква њима не би смела да се обраћа. Католичка црква у земљи која је у најмању руку у првим годинама после краја комунизма располагала већим финансијским средствима због помоћи из иностранства, наглашавала је да не би ни могла нити желела да одбије жудне који јој се обраћају.

Ови спорови текли су за време последњих година живота папе Јована Павла II, који свакако није више могао да их прати у детаљима. Ипак за руску цркву имплицитно је била значајна чињеница да се радило о једном пољском папи, тим пре што су већину из католичког клира, а пре свега редовника, у Русији чинили Пољаци. Није, наравно, уочено да се при том пољско историјско искуство са Русијом и Совјетским Савезом занемарило. После избора Бенедикта XVI изгледало је да су односи побољшани. Овај избор немачког кардинала Рацингера у руској цркви је примљен к знању са задовољством, при чему у првом плану није била његова националност, него пре његова репутација конзервативног теолога. Управо у претходним споровима око католичких бискупија у Русији могло се у руским изјавама запазити разочарење да је од католичке цркве, претпостаљеног савезника у борби против савременог зла, руско православље, ето, добило нож у леђа. Сада, међутим католичку цркву води један папа од кога се не могу очекивати модернистичка стремљења и који према свим изгледима не би одобравао хомосексуалност или рукоположење жена у католичкој цркви. Са руске стране често је тражена алијанса између православља и католичке цркве у борби против *либерализма, индивидуализма* и *субјективизма* који угрожавају хришћанске темеље и вредности друштва. А управо против таквих појава изјашњавао се кардинал Рацингер у својој последњој проповеди као кардинал приликом отварања конклаве која га је изабрала за папу.

У пролеће 2006. у организацији папског културног савета и одсека за спољашње везе Руске православне цркве, у Бечу је одржана конференција која се бавила темом „Једна душа за Европу", дакле познатим рефератом ранијег председника комисије Европске уније Жака Делора који је подсетио на духовну димензију процеса уједињења. Досадашњи екуменски резултати у Европи нису поменути на тој конференцији, и екуменски савет цркава у Аустрији у једном саопштењу изразио је жаљење што није узета у обзир побољшана екуменска клима и што нису позване и друге цркве. Ова сарадња између католичке цркве и Руске православне цркве схваћена је као почетак нових односа ове две велике цркве, при чему су протестантска традиција и досадашњи резултати екуменских контаката оцењени као мање важни.

Године 2005. и званични теолошки дијалог између католичке цркве и православља у целини добио је нови импулс, тако да се, после шестогодишње паузе, у септембру 2006. могао одржати наредни састанак заједничке комисије. Изгледа, дакле, да се ближи крај екуменском леденом добу. Томе је допринела свакако и нова отвореност за дијалог од стране руске цркве, али је прави разлог промена код других цркава, а мање неки нови став руског православља.

10 ДИСИДЕНТСТВО

Руска црква је скоро увек имала стабилан систем теолошких идеја и учења, као и правила понашања који су се односили како на индивидуалне вернике тако и на саму цркву када су у питању њени спољни односи. Али, такође, увек су постојали и верски дисиденти, односно људи који су хришћанство и његову конкретизацију тумачили другачије него црква и били спремни да на својим уверењима истрајавају. Нека од тих струјања могу се свести на појединце, нису имала утицаја и остала су историјски непримећена, друга су имала велики утицај на руску црквену историју и постала су, као у случају староверaца, моћни и данас присутни покрети. Не треба да чуди да је већина тих покрета повезана са питањем западне оријентације цркве, односно са западним утицајима. (Црквено)-политички дисиденти појављују се тек у новије време. Под овим називом могу се описивати и други феномени као што је Загранична руска црква; јер одбијање заједнице са патријаршијском црквом, која је признала совјетски режим, у сваком случају такође је феномен црквене непослушности.

10.1 Рани теолошки спорови

Из првих столећа руске цркве информације о опозиционим покретима постоје само у назнакама. Разлог за ово је углавном у томе што су извори уништени и што су једине информације о учењу неке групе о којој се радило преносили противници таквих покрета, који су на крају ипревладали. Ове изворе, међутим, ваља читати са критичком дистанцом јер противници тих група имају интерес да их прикажу што злоћуднијим и што јеретичнијим.

Први покрет који можемо разумети делимично историјски јесу *стригољници*. Овај назив значи „пострижени" и упућује на религијску праксу по аналогији са црквеним постригом. Могуће је и значење „мајстори који стригу сукно", што би онда указивало на социјално порекло. Они су се пред крај XIV столећа појавили у Новгороду и у оближњем Пскову. Очигледно је да је разлог њиховог незадовољства била симонија (добијање црквених положаја за новац) пошто су полемисали против недостојних свештеника. Овим се није мислило само на питање морала и црквене дисциплине, него се постављало и питање извесности спасења. Наиме, како примити свете тајне неопходне за спасење из руку свештеника који је купио своје звање и који се понаша недостојно, пошто за своје дужности узима новац? Сасвим је јасно да су из таквих размишљања могла да настану начелна питања фунције цркве и њених спољашњих појавних облика. Тако су под удар критике стригољника доспеле свете тајне, обожавање икона, веровање у свето Тројство, монаштво, као и читав низ црквених феномена. Они ипак нису успели да се наметну, а њихови вођи су 1375. погубљени дављењем у води.

Тешко је рећи одакле потичу схватања стригољника. Чињеница је да критика свештеничких и епископских злоупотреба положаја у „Руској земљи" није била усамљен случај. Претпоставља се западни, односно хуситски утицај, јер је град Новгород био у најтешњим везама са

Литванијом. Некако у исто време било је покрета који су заступали сличне погледе и у остатку Европе: богумили у Бугарској, „крстјани" у Босни, а на Западу катари, валдензи и други. Код свих њих спорно је да ли су и како су уопште утицали једни на друге. Такође је могуће претпоставити да се радило о изворно руском покрету који се може објаснити неповољном ситуацијом коју смо помињали. Новгород са својом „демократском" структуром, градским четвртима са сопственом аутономијом и правом на избор свештенства, био је предодређен да буде полазиште таквог једног протестног покрета.

Нешто је боље стање извора у погледу оних које су касније назвали *јеврејствујући*. Овај надимак им је дат вероватно зато што су порицали тројство и што су сматрали да се пророчанства Старог завета још нису испунила; иначе, познато је да је одступничке покрете црква квалификовала као покрете под утицајем јеврејства, чак и онда када за то није било упоришта. Ово се може видети у касном XV столећу, и то у Новгороду. Овде су се ти покрети нашли усред политичких сукоба: московски велики кнез Иван III покушавао је да град Новгород интегрише у московску царевину, што му је после бројних војних похода коначно и пошло за руком. А посебно му је пошло за руком да присвоји велике поседе; црквена земља је, међутим, била под контролом богатог новгородског архиепископа Генадија. Истовремено се одвија и сукоб две монашке странке, некористољубивих и јосифоваца.

И критика јеврејствујућих се, изгледа, разгорела око рђавог стања међу свештенством и у епископату. Јеврејствујући су се окренули против хијерахије, култа, црквене имовине и заступали идеју једноставног живота заснованог на Библији. Инсистирали су такође на учењу из Библије као целине (а не само из делова који су се користили у служби божјој), а заступали су и идеју „сиромашне" цркве. Тако су, са једне стране, били на страни учења Нила Сорског и некористољубивих, а са друге подржавали конкретне намере великог кнеза који је у основи хтео да смањи црквени посед, а посебно да развласти моћног новгородског архиепископа. Тако се десило да су се на једној страни нашли Јосиф из Волоколамска, као поборник концепције о богатој и јакој цркви, и архиепископ Генадије, а на другој страни јеврејствујући, Нил Сорски и велики кнез Иван III.

Последица овакве констелације снага била је да су јеврејствујући у Новгороду били оштро прогоњени, а у Москви испочетка толерисани. Године 1409. одржан је у Новгороду синод на коме су јеврејствујући осуђени. Московски митрополит, као и Иван III и друге личности са двора, показивали су према њима и симпатије. Тек када је Генадије великом кнезу и митрополиту пребацио да подржавају јеретике, и после његове смрти, 1504. у Москви је сазван синод који се завршио осудом јеврејствујућих. Иван III је направио заокрет из рационалних разлога, и по окончању спора око наслеђивања престола. Победници, Генадије и Јосиф, захтевали су да државне власти погубе вође јеретика. У полемичким списима Нил и јеврејствујући окрећу се против таквог захтева, али ипак је на крају правац који су наметнули победници надвладао и вође јеврејствујућих су спаљени, следбеници сурово прогоњени, а покрет искорењен.

Последица ових спорова била је појава теолошких полемика у којима су се нарочито истакла двојица предводника монашких странака. У сваком случају, сада је у Русији постојала теолошка литература која се бавила актуелним питањима и тим поводом једнозначно се опредељивала. Један даљи резултат јесте појава првог потпуног превода Библије на староруски језик који настаје под архиепископом Генадијем између 1484. и 1499. године, и то на захтев јеврејствујућих. Овај превод је дуго био основа за све друге преводе.

Коначно, поменимо још најзначајнијег руског теолога XVI столећа, Максима Грка (1470–1556). Он је потицао из Грчке и студирао у Италији. У Фиренци је 1402. приступио доминиканском реду, а две године после тога отпутовао је на Свету Гору Атонску. Велики кнез Василије III 1503. године позвао га је у Москву да би исправио преводе црквених текстова. Максим се ангажовао на страни некористољубивих (сам је неко време припадао доминиканцима, једном просјачком реду!), а и на независност руске цркве гледао је критички. После митрополитовог пада и именовања његовог наследника који је припадао јосифовцима, предлози ревизије теолошких и литургијских текстова које је Максим изнео због њиховог одступања од грчког оригинала, одбијени су на синодима 1525. и 1531. године. Сам Максим био је осуђен. Године 1548. отпуштен је, али је морао да остане у Русији, затворен у Тројице-Сергијевој лаври, где је 1546. и умро. Поштовали су га од XVII столећа, али је тек 1988. проглашен за свеца. Његово дело још није у потпуности објављено; у стилу свог времена објављивао је полемике против Јевреја, муслимана, Јермена и латина. Иза себе није оставио неки систематски теолошки приказ.

Максим Грк је пример жртве црквеног отпора утицајима из Грчке. Пуних стотину година касније исто то спорно питање имаће за последицу једну трајну шизму.

10.2 Староверци

Са могућношћу штампања књига и побољшањем односа са грчком црквом после уздизања на ранг патријаршије, наметала се неопходност ревизије и уједначавања литургијских књига јер су постојали бројни погрешни преводи и неспоразуми. Отпор који се увек јављао против настојања да се мења оно што је наслеђено, често је долазио од монаха. Разлози за ово били су фиксирање садржаја вере за форме веровања, што је израз извесног традиционализма који веру није рефлектовао, него је једноставно и пре свега само преносио. Јер, тада би промена форми морала да значи и промену вере. Уз ово иде и нова самосвест државе која је постала моћнија, заједно са претензијом да постане водећа снага у православљу и да се одупре све јачем грчком утицају.

Ова ситуација и појачан утицај из Украјине навели су патријарха Никона (1652–1666) да одлучи да после претходних неуспелих покушаја спроведе реформу литургијских књига и да отклони литургијске проблеме. Уз то, он је хтео да руске обичаје усагласи са грчким. Оваквој одлуци допринели су и разни грчки патријарси и митрополити који су се задржавали у Москви и којима је падао у очи погрешан ток ствари код Руса. Требало је, коначно, забранити још увек уобичајену праксу „многогласја" када, да би се скратила служба, различите делове литургије истовремено пева више хорова, а што је већ забранио Стоглави синод 1551, али без трајнијег успеха.

У другим питањима, Никонове одлуке од 1653. противречиле су решењима „Стоглавог кодекса": прекрстити се треба са три прста, не са два, литије око цркве треба да се иду супротно од кретања Сунца уместо у његовом смеру, име Исус треба да се пише *Иисус*, а не више *Исус*, а алилуја треба на одређеним местима у литургији да се отпева три пута, а не двапут. За све ове промене, као и за дотадашњу праксу, постојала су оправдања која су поборницима уобичајеног тока ствари изгледала јасна и необорива: два прста приликом прекрштавања сликовито приказују Христове две природе, а три прста код новог начина његове три божанске личности. За противнике реформи ова три прста представљали су „сатанско тројство". Ипак, није се примарно радило о таквим аргументима, него о питању како би се на најбољи начин у непромењеној традицији могли пронаћи нови почеци: да ли чувањем старих „руских" обичаја који су, како се сматрало, представљали форме изворно преузете од Грка, или пак, прилагођавањем савременој грчкој православној цркви (па тиме и православној цркви у целини). Стоглави синод кодификовао је „руске" обичаје, али после подизања на ранг патријаршије и изједначавања са грчким православљем те одлуке су изгледале застареле.

Никоновој одлуци успротивила се једна група свештеника којој је некада припадао и он сам, и која је себе касније назвала „круг ревносних"; ту су спадали још увек утицајни царев исповедник Стефан Вонифатјев, протојереј Иван Неронов и Авакум (1620–1682). Овај последњи због својих радова, посебно аутобиографије, био је најпознатији представник староверца. Такође, и други чланови овог неформалног круга управо су се ранијих година трудили да потисну растући утицај грчких традиција на штету наслеђа „Стоглавог кодекса". Са овим циљем они су се првенствено позивали на теологе из Кијева; јер Кијев је увек држао до веза са Цариградом. Тако су се појавиле и неке књиге, које су касније код староверца имале велики углед пошто су биле старије него Никонове реформе; а ипак, у тим књигама каткад се могу пронаћи грчки, па и западни утицаји.

Под Никоном је директни грчки утицај слабио, а растао украјински. Када је противљење поменутим одредбама из круга „ревносних" постало сувише гласно, патријаршија је оштро реаговала: Неронову је одузета служба и био је ухапшен у једном манастиру, Авакум је остао свештеник али је протеран у Сибир. Наредних година на синодима су одобрени нови обичаји, при чему су важну улогу имали грчки епископи који су боравили у Москви. Али отпор се више није могао зауставити. Авакум је и у изгнанству агитовао против реформи, у Москви је деловао преко порука и писама, па је зато прогнан још даље на исток, на Амур. Враћен је у Москву 1664. када је ослабио патријархов утицај на цара, али пошто је и даље иступао у корист старог обреда, опет је 1666. и 1667, после одузимања службе Никону, изопштен и протеран. Као изопштен, дакле, више није припадао цркви. Са своје стране Авакум је изопштио патријарха и цркву која га је подржавала и тако de facto установио алтернативну цркву. Коначно, 1682. Авакум је спаљен на ломачи пошто је и даље одбијао да призна реформе и побијао их у својим списима. Његова аутобиографија, *Житије протопопа Авакума, које је сам написао,* није само вредан извор за сукобе око реформе обреда, него и социјално-историјско и језичко сведочанство првога реда.

Авакум би до данас остао појединачни случај скоро потпуно заборављених бораца против реформи, да није дошло до распрострањеног одбијања тих реформи. Многи су се прикључили шизми (тј. расколу, па отуда и стари назив *расколници*), па се отпор реформама проширио широм земље, првенствено на северу и у манастирима. Сукоб је коштао живота хиљаде људи, било због државних мера, било због масовних самоубистава (пре свега самоспаљивањем), чиме су следбеници покрета избегавали да падну у руке државним трупама. Соловецки манастир, на једном острву у Белом мору, одолевао је осам година опсади царских трупа, а ипак је на крају освојен силом. Том приликом смрти је допало стотине калуђера и хиљаде цивила. Упркос овим мерама и суровим прогонима, староверци, или „старообредници", преживели су. Многи су емигрирали у Сибир и тамо основали насеља која делом и данас постоје, а стизали су још и даље, до Аљаске. Исто тако, за насељавање су бирали и друге удаљене области, пре свега на северу земље. Пошто се за стари обред изјаснио релативно велики број њих, покрет није могао да се искорени. Ако је међу староверцима испочетка и било припадника горњег слоја, касније су то били прости људи, сељаци, занатлије и трговци. Староверци су касније добили велики привредни значај.

Разлози што је из отпора према неким црквеним реформама настао један такав постојан социјални покрет многоструки су. При томе не треба прецењивати црквено-теолошко значење, јер ипак треба помислити да се управо крштење са три прста, што је био симбол за реформе, дневно дотиче сваког хришћанина. То, дакле, није била реформа која је мењала свештеникове радње током литургије, него је имала утицаја на цркву у целини и на сваког појединца. Даље, не сме се превидети атмосфера есхатолошког очекивања краја времена у тој епохи, која је често била повезана са апокалиптичким представама. Било је лако наметнути тумачење како је цар, односно патријарх Антихрист, а староверци који се не повинују сили, онај свети остатак. То је, када се очекивање није испунило, дакле, када је умро „Антихрист" Петар I а да то није био крај светске историје, водило нужно новим тумачењима, која су често била повезана са расколима.

Ваља приметити да се спорови нису кретали око питања вере у ужем значењу, него око литургијских детаља. Са литургијским симболима, ипак, нераздвојиво су повезани садржаји; промена спољашње радње значи и мењање вере коју ова симболизује. Ако два прста приликом прекрштавања означавају обадве природе Исуса Христа онда, према овом схватању, ни знак крста није могуће направити другачије. За православно мишљење обред је много више од спољњег знака.

Поред ових верских постоје и социјални разлози који су утицали пре свега на сељаке а многоструко и на опште незадовољство новим стварима, поготово онима које су долазиле са Запада. Седамнаесто столеће у Русији карактерише низ устанака; покрет против реформи могао би се са становишта државе лако окарактерисати као још један у том низу. Староверци такође нису од почетка били неки структуриран и организован покрет, постојали су различити центри отпора који су се нашли заједно због нечега до чега им је било стало. Упркос строгим мерама прогона државе, ти центри одржавали су међу собом везу помоћу порука и монаха скитница и потом су се полако организовали, премда никада није постојала нека јединствена староверска црква.

Наредних столећа држава је увек изнова прогонила староверце, а црква их није признавала. Строги прогони су под Петром I попустили, да би се касније опет појачали. Тек је *Указ о толеранцији* 1905. гарантовао староверцима слободу вероисповедања. Под совјетским мерама прогона они су трпели исто колико и патријаршијска црква. Ова је 1971. укинула анатему која је још важила за староверце. Староверци и данас служе литургију као пре реформе; у живописању икона очували су сопствени стил поводом кога је још Авакум полемисао против западних утицаја.

Међу староверцима долазило је до бројних раскола.[55] Није постојао неки епископ који је приступио староверцима, тако да за њих није постојала могућност рукоположења свештеника. Део староверца врбовао је (понекад плански) свештенике из патријашијске цркве. Ова група назива се *поповци*, пошто је начелно признавала свештенство. У XIX столећу је у Хабзбуршкој монархији постојао један православни епископ који је хиротонисао староверске епископе и тако код њих установио хијерархију. Поповци постоје и данас и представљају највећу групу. Њихов центар је у Москви и имају бројне епископе, пре свега у Заједници Независних Држава. Број верника процењује се на неких 400.000, при чему ове наводе треба узети са рерзервом. Исто толико велика требало би да је група *беглопоповци* (тј. „они са пребеглим поповима" – како су их други назвали) која не признаје хијерархију поповаца и који су тек у XX столећу преко пребеглица добили сопствене епископе. У међувремену своју цркву подигли су на ниво патријаршије. Ове две цркве су у међусобно рђавим односима. *Јединоверци* („они који верују у исто") јесу група која постоји од раног XIX столећа и припада патријаршијској цркви, али је смела да задржи стари обред. Они се могу окарактерисати као староверци само што се тиче обреда, али не и у погледу јурисдикције. Осим тога, треба поменути да значајна староверска црква постоји и у Румунији; њу су основали верници који су тамо побегли од прогона у Русији.

---

[55] Исцрпан приказ код P. Hauptmann, *Rußlands Altgläubige*, Göttingen 2005.

Друга важна група поред поповаца јесте *безпоповци*. Ови верују у престанак свештенства после изумирања прве генерације староверских свештеника; и ово се тумачило као доказ да наступа крај времена. Према њима, могу да се удељују једино још свете тајне крштења, покајања (обе у случају нужде могу да дају и мирјани) и причешћа (већ освећеним даром). Безпоповци су се поцепали у многе мање групе у којима су неки избегавали брак услед непостојања свете тајне брака, захтевали уздржаност и брзо изумрли, док су други обесветили брак и тако омогућили даљи опстанак групе. Код неких од њих црква се развила као нека врста молитвене одаје у којој није било олтара нити олтарског простора, али је постојао иконостас на крају тог простора. Из појединих од ових група развиле су се секте. Због непостојања хијерархије, безпоповци су снажно организовани у смислу заједнице, а у међувремену је долазило и до спајања заједница. О броју и стању безпоповаца једва да се могу навести поуздани подаци; у Русији има преко 100 заједница без свештеника, друге су у прибалтичким државама, углавном у Летонији.

Код старовераца је постојала и постоји снажна унутрашња солидарност. Многе руске трговачке породице потичу од њих; привредни успех био је тесно повезан са честим избегавањем алкохола и са јаком дисциплином унутар групе. Чињеница да је врбовање свештеника из патријашијске цркве често било успешно, знак је економских могућности којима су староверци располагали: староверске заједнице биле су у могућности да и свештеничним синовима обезбеде сигурне приходе.

10.3 Руске секте

Од XVII столећа и у Русији се може регистровати учестало настајање секти. То је делом последица староверачког раскола из којег су се поједине секте и развиле. Овај феномен такође је у вези и са одбијањем велике блискости државе и цркве. Отпор тој блискости манифестовао се на два начина. Са једне стране, у форми повећане духовности у самој цркви, дакле, у окретању од црквених структура и приклањања аскетским формама, што се показало код стараца. Други облик у коме се могло испољити неприхватање поменуте близине били су ванцрквени покрети. Ови су често настајали у клими есхатолошких ишчекивања и одликовали су се екстремним облицима аскезе, а често и кроз представе о реинкарнацији. Неке од њих ћемо укратко поменути, при чему овде нећемо помињати секте које потичу са Запада и које и данас постоје у Русији.

Хлисти себе називају „божијим људима"; порекло назива који иначе потиче изван групе нејасно је, а може да значи „бичевалац". Појавили су се у XVII столећу из безпоповаца међу староверцима. Неодрживе су претпоставке да су им корени гностички или источњачки. Њихово основно уверење је да се у неким руским људима увек јављају нове инкарнације Бога, Исуса Христа, Богородице, апостола и пророка. Њихов оснивач, Данило Филипов, за себе је мислио да је бог Саваот и произвео је једног сељака у Исуса Христа, а једну сељанку у Богородицу. Од тада су се јављала све нова и нова отеловљења Христа и Марије, што је водило оснивању нових заједница. Хлисти су се веома проширили. Њихова богослужења пратили су литургијски плес и песма који су могли досезати до екстазе; служби су претходили строго уздржавање од хране и полних односа, отуд и назив *посци* (тј. они који посте). Као и друге секте, и хлисти су од власти покушали да се заштите тако што су живели не упадајући у очи и што су учествовали у богослужбеном животу православне цркве. Зато су имали многе следбенике и у манастирима. Од XVIII столећа хлисти су били оштро прогоњени.

У XIX столећу хлисти су се распали на бројне групе, међу којима су неке желеле да остваре Царство Божје на земљи и себе у складу са тим називали „Израиљем" или „новим Израиљем". Пред Први светски рат хлисти су имали неких 40. 000 следбеника. Совјетски режим је испочетка прихватао хлисте због њиховог тобоже револуционарног потенцијала, али је после 1925. почело са прогонима. Остаци ове заједнице постојали су још и 60-их година XX столећа, а нејасно је да ли постоје и данас.

Крајем XVIII столећа из *хлиста* су се у расколу издвојили *шкопци* („уштројени", сами себе су називали „бели голубови"), који су кастрацијом постизали радикалну сексуалну уздржаност и у таквој једној чистоти желели да заслуже искупљење. У основи њиховог веровања била је идеја цркве као заједнице чистих и безгрешних. Њихов је обред био сличан као код хлиста, али нису познавали представу о понављању инкарнације, него су као своје оснивач сматрали Христа или цара Петра III који ће се појавити на крају времена. Идеја самосакаћења („ватрено крштење") упућује на *Јеванђеље по Матеју*, 19, 12, и на идеју да је сексуалност повезана са грехом и смрти. Шкопце су руске власти оштро прогониле, па су зато морали да живе повучено и под строгом арканумском дисциплином. Вероватно су нестали половином или у последњој трећини XX столећа.

Данас у малим групама постоје *духоборци* („борци за дух", сами себе називају „духовни хришћани") и *молокани* („они који пију млеко"), који су настали у исто време. Овде се ради о групама које не прихватају традицију цркве и које не познају аскетску ригорозност до сада поменутих група. Духоборци не познају иконе, не познају писано верско предање (дакле, ни Библију), свете тајне, као ни искупљење кроз Исуса Христа. Слично неким западним обновитељским покретима, ови верују да је Христ остварен у сваком човеку који је доживео унутрашње откровење. Исповедају присутност Светог духа у сваком појединцу. Етички узор им је Беседа на гори. Њихово учење тешко да се може схватити тачно и систематски. Духобораца је 1917. било око 20.000, а данашњи број је непознат.

Назив *молокани* потиче отуда што су ови у време поста пили млеко, што у православној традицији није допуштено. По учењу су врло слични духоборцима, осим што су настројени више рационалистички. Библија је извор Откровења, а на васељенским саборима учење Писма фалсификовано је. Због бројних присилних пресељавања, учење ових секти могло је да се широко распростре. И они су се распали на многе групе које су развиле сопствена учења и литургијске форме.

Све ове секте потичу из руске православне традиције. Оне су, како се јасно види из њихових доктринарних уверења, оријентисане или апокалиптички или, пре, рационалстички, али све потичу из руске цркве и користе се (премда понекад у разграничењу) оним што затичу у њеној традицији. Већ по природи ствари, секте нису добро истражене, а често једва да постоје извори. Али, било би интересантно код проблема црквеног дисидентства начелно поставити питање елемената континуитета и дисконтинуитета, пошто су и прво и друго присутни заправо као оквир таквих феномена.

После краја Совјетског Савеза настали су бројни религиозни покрети који су често на сцену ступали праћени великом јавном пажњом. И њих такође често карактеришу екстремне форме и погледи, као и централна улога неке водеће личности. *Висарионова група* у Сибиру, названа тако према псеудониму свога оснивача, или *Бело братство*, свакако су две најпознатије. Ипак, тешко да је могуће ишта поуздано рећи о броју њихових присталица и њиховом учењу. Тек ће се показати да ли ће те групе бити трајне.

10.4 Верски дисиденти у Совјетском Савезу

Закључни одељак посвећен је феномену на који се одмах помисли када се помене појам „дисидент": људи који се не слажу са идеологијом и праксом комунистичког система и који се изјашњавају да мисле другачије, као дисиденти, а да при том не упражњавају насилан отпор према систему. Имена као што су Александар Солжењицин и Андреј Захаров симболи су људи који су за своја убеђења искусили немаштину, прогонство, затвор, егзил или чак смрт. Заузимање за људска права значило је такође и заузимање за слободу религије, чак ако ти дисиденти лично и нису били религиозни. Било је и оних који су због верских убеђења доспели у конфликт са државом. Јасно да је то у истом часу морао да значи и конфликт са патријаршијском црквом пошто је ова начелно према држави била лојална.

У годинама после изјаве о лојалности митрополита Сергија (Старогородског) 1927. постојали су бројни хришћани који тај корак нису одобравали и који више нису признавали патријаршијску цркву. Ови су се морали организовати тајно и зато су названи „црква из катакомби"; име којим су сами себе означавали било је „истинита православна црква". Додуше, било је покушаја да се успостави веза између појединих група, али никада није постојала нека јединствена црквена организација. Степен отпора против режима био је различит; често су важну улогу имале апокалиптичке идеје, према којима је са Совјетским Савезом (или са конкретним мерама прогона) изгледало да је наступило последње време. Чланови ових група подлегали су строгом прогањању. Пошто после Другог светског рата није било епископа који би их подржао, свештеници прве генерације су с временом изумрли. Сада су се групе често називали „истинити православни хришћани" и организовали су се као молитвени кружоци или групе мирјана, али без контакта са патријаршијском црквом. Не може се утврдити колико људи је њима припадало, али таквих група је било све до краја Совјетског Савеза. Зна се, такође, и за међуформе, за групе које су биле у незваничним везама са патријаршијском црквом, рецимо, жене које су пред епископом дале завет чедности, живеле са другим женама у заједничком стану и радиле у болницама: овај облик манастирског живота био је заправо илегалан, али је постојао са одобрењем епископа.

Пошто је црква од 1945. обновила сарадњу са државом, дошло је до више случајева појаве црквених дисидената. Први од тих случајева било је отворено писмо московских свештеника Николаја Ешлимана и Глеба Јакуњина патријарху Алексију I (Симанском) које је било састављено у новембру 1965. године. У њему ови свештеници жигошу све чешће затварање цркава као и друге невоље и окривљују црквено вођство што се није потрудило да пред државним властима иступи енергично и да се заузме за слободу цркве. Патријарх Алексије реаговао је суспензијом обојице свештеника и затражио у једном писму од свих епископа да таква мишљења у својим епархијама на време спрече. То је била метода којом је црква реаговала и у другим случајевима; није познат ниједан случај у коме се она пред државом заузела на страни дисидената. Две године касније, архиепископ Јермоген (Голубјев) – због свог става пензионисан – упутио је писмену молбу патријарху у којој износи да црквена структура и начин избора епископа нису у складу са закључцима Сабора из 1917. године. Ни овде Синод није стао иза архиепископа, него је изјавио жаљење и осудио његово понашање. Јермоген је до смрти 1978. морао да борави у једном манастиру у присилној мировини.

Важан подстицај црквеним дисидентима дао је писац Александар Солжењицин, коме су 1974. одузета грађанска права у писму за ускршњи пост које је 1972. послао патријарху Пимену (Извекову). Солжењицин је отворено критиковао поглавара цркве да је допустио да атеисти контролишу цркву и да је држави направио много уступака. Наредних година црквени су дисиденти ојачали, на шта је држава после 1979. реаговала оштријим прогонима. Међу дисидентима, који су готово сви били градски интелектуалци, и који су тек као млади или као пунолетни приступили вери, могу се разликовати два правца, један више либералан, на који треба гледати у контексту општег дискурса о људским правима и други, пре национaлан, који је повремено имао чак и антисемитске тонове. Истина, либерална струја је имала већи значај, премда присутност оних других показује да су данас повремено уочљиве коалиције између национално настројених комуниста и људи из цркве, зачете још онда, упркос прогањању цркве у комунизму.

Ангажовање руске цркве у екуменском покрету дало је дисидентима прилику да за своје циљеве побуде међународну пажњу. На пленарној седници Светског савета цркава 1975. у Најробију делегација Руске православне цркве запала је у неприлику пошто су два дисидента, свештеник Јакуњин и мирјанин Лав Регељсон, саставили писмо које су пренеле конференцијске новине и у коме су жигосали совјетску политику према религији.[56] Иако се пленарна скупштина није официјелно бавила овим писмом, јер то није био захтев неке цркве чланице, ипак је било жучних расправа око овог питања на манифестацијама изван официјелног програма. Делегати руске цркве који су својим саопштењем на ово реаговали тек након три дана, повукли су се на формалну позицију и изјавили како се ту, ето, ради о појединачним и неаутентичним гласовима и како се у Совјетском Савезу нико не кажњава због верског деловања, него само због сукоба са законом. Овако нешто могло се видети исте године у вези са Конференцијом о европској безбедности и сарадњи у Хелсинкију, где је Совјетски Савез такође потписао „Кошару 4", дакле, прихватио тековину признавања људских права. Јакуњин и Регељсон су 1979. ухапшени; Јакуњин је 1980. осуђен на пет година радног логора и још пет година прогонства.

---

[56] Писмо и реаговање црквеног вођства у: *Die Orthodoxe Kirche in Russland*, изд. P. Hauptmann/ G. Stricker, Göttingen 1988, 894–899.

У Совјетском Савезу настајале су илегалне групе и кружоци, који су се бавили религиозним темама. На Западу је постала позната дисиденткиња Татјана Горичева која је све до протеривања из земље 1980. припадала једној таквој групи у Лењинграду. Постојали су и дебатни кружоци чији су се чланови експлицитно изјашњавали за хришћанство, али за које је присуство литургијама било мање важно од лектире религиозних и филозофских књига и разговора о њима. Неке од ових група издавале су илегалне публикације и хронике. Године 1976. основан је „Комитет за одбрану права верника у Совјетском Савезу", који је постојао неколико година и који је успео да на Запад прокријумчари многе документе. Ипак је увек морало да се рачуна да ће их КГБ открити. Дисиденти који би пали у мрежу власти већином су осуђивани на дугогодишње логорске казне. Оптужница је обично у тим случајевима гласила: „антисовјетска пропаганда".

Московски свештеник Дмитриј Дудко постао је познат због својих критичких примедби у проповедима и издањима једног парохијског листа, што је било илегално, и привукао је многе младе људе. Са службом је више пута премештан, али ипак (за разлику од других свештеника дидидената) остао је у њој и није суспендован. Утолико је више изненадило његово хапшење 1980. године. После неколико месеци на совјетској телевизији емитовано је како даје изјаву о лојалности, на шта је очигледно био приморан. Могао је даље да ради као свештеник, а ограничено да обавља и своју дужност бриге за паству. Неколико година касније започела је перестројка и дисиденте више нико није прогонио. Дудко, који је умро 2004, био је у својим последњим годинама противник политичких и друштвених процеса у Русији, позитивно се изјашњавао о Стаљину и подржавао комунистичку партију. Развој у правцу једног плуралистичког и отвореног друштва очевидно му се учинио опаснијим од система који је био према споља стабилан, али репресиван.

Важан медиј за дисидентске групе, па тиме и за верске дисиденте, био је такозвани *самиздат*. Самиздат значи умножавање и растурање списа на неформалан начин. Најчешће се радило о технички примитивном умножавању копија књига са Запада или литературе која је настајала у земљи. Самиздат је био начин да се идеје из совјетског подземља рашире у земљи.

За дисиденте је увек био значајан контакт са истомишљеницима у западном иностранству. Преко радија, посебно преко америчке станице „Радио слобода", чија је редакција била у Минхену, емитоване су верске емисије и вести. Многи путници са Запада, посебно црквене групе, доносиле су Библије на руском језику. И обрнуто, неки документи су преко путника и другим каналима могли из Совјетског Савеза да допру до Запада.

Верски дисиденти допринели су да се на Западу одржи свест о репресији над црквом, а због лојаности патријаршијске цркве били су трн у оку совјетским властима. Али, они су и за цркве на Западу били проблем јер су ове, са једне стране, желеле да помогну онима које су прогонили због вере, а са друге, званични представници руског православља, са којима су постојали званични односи, стално су порицали прогоне на верској основи. Посебно је то била тешка ситуација за екуменска тела у којима није увек било мудрог понашања, па су дисиденти остајали на цедилу.

Са крајем Совјетског Савеза, неки дисиденти су се помирили са својом црквом, други су се од ње удаљили. Данас у Русији нема над верским дисидентима репресије од стране државних органа; ова тема после краја комунизма има једну другу димензију. Али ипак, значај антисовјетских верских дисидената и даље остаје присутан.

ДОДАТАК

ХРОНОЛОШКА ТАБЕЛА

839	први пут се помиње име Руси (*Rhos*)

860–1240 Кијевска Русија

988	„крштење Русије" под великим кнезом Владимиром
XI столеће	процват „Руске земље" под великим кнезом Јарославом
1037	почетак градње цркве Свете Софије у Кијеву
1051	са Иларионом, постављен први словенски митрополит у Кијеву
1113	настанак *Несторове хронике*
1169	велики кнез Андреј Богољупски осваја Кијев, почиње распад „Руске земље"
од 1223	татарска племена из азијских степа угрожавају „Руску земљу"
1240	битка на Неви: Александар Невски побеђује Швеђане

1240–1340 Рано раздобље монголске владавине

1240	татарски кан Бату осваја Кијев и потчињава југозападне руске кнежевине

1242	Александр Невски побеђује војску Тевтонског реда
1299	премештање митрополита Максима из Кијева у Владимир
1328	достојанство великог кнеза трајно се везује за Москву; митрополит премешта своје седиште у Москву

1340–1689 Московско раздобље

1380	Битка на Шљукином пољу: Димитрије Донски побеђује Татаре
око 1400	процват иконописања (Теофан Грк/Андреј Рубљов)
1459	аутокефалност: руска црква се проглашава самосталном
1462	Иван III постаје велики кнез
1547	митрополит Макарије крунише Ивана IV („Грозног") за цара и самодршца целе Русије
1551	Синод доноси кодекс „Сто поглавља", уводи бројне реформе, пре свега у домену литургије
1589	подизање московске митрополије на ранг патријаршије
1595/96	Брестовска унија: православни епископи у Пољској–Литванији подређују се Риму и тиме стварају гркокатоличку („унијатску") цркву
1598/1613	„Време смутњи", смрћу цара Фјодора Ивановича 1598. изумире династија Рјуриковича; са царем Михаилом почиње 1613. владавина Романових
1632	оснива се Collegium Kioviense у Кијеву
од 1653	реформа литургије под патријархом Никоном

Додатак 255

1666/67	„Велики московски сабор" одлучује о побољшању обреда; староверци (присташе старог обреда) одвајају се под вођством свештеника Авакума
1667	Кијев и Украјина од леве (источне) обале Дона потпадају под Русију

1689–1917 Од Петра Великог до краја раздобља царева

1689	ступање на власт Петра Великог, бројне реформе у држави и цркви
1721	укидање патријаршије; наметање Светог синода као поглаварства цркве
1722/24	реформа манастира, ограничавање ступања у манастир
од 1762	секуларизација црквеног поседа, укидање манастира
1905	револуција; указ о толеранцији према другим вероисповестима

1917–1991 Социјалистичка совјетска Русија

1917	грађанска фебруарска револуција и бољшевичка Октобарска револуција
1917/18	Помесни сабор православне цркве
1917	4. новембра поновно успостављање патријаршије, митрополит Тихон постаје нови патријарх
1917	2. децембра подржављење целокупне црквене земље
1918	20. јануара „Декрет о слободи савести"; раздвајање државе и цркве

1918	у јануару као први мученик стрељан кијевски митрополит Владимир; почетак крвавих прогона цркве
1921	конституисање „Карловачког синода"; изјава о лојалности патријарха Тихона
1925	смрт патријарха Тихона; поново онемогућен избор новог патријарха
1927	Стаљин преузима власт
1927	изјава о лојалности Совјетском Савезу митрополита Сергија
1941	20. јуна немачки Вермахт напада Совјетски Савез
1943	ублажавање политике према религији; Стаљин користи цркву да појача патриотски отпор против немачких окупатора; избор новог патријарха
1946	„Лажни сабор у Лавову": грккатоличка („унијатска") црква подређена московској патријаршији
1956	„отопљавање": под Никитом Хрушчовим почиње дестаљинизација
1961	Руска православна црква приступа Светском савезу цркава
1988	миленијум од „крштења Русије"; заокрет у црквеној политици под Горбачовим
1990	за патријарха изабран Алексије II (Ридигер)
1991	распад Совјетског Савеза

После 1991 Русија после распада Совјетског Савеза

2000	усваја се „социјална доктрина" руске православне цркве

2002	фебруар успостављање римокатоличке провинције у Русији са четири бискупије, затегнутост у односима између руске православне цркве и католичке цркве
2007	поновно уједињење Руске православне цркве са Заграничном црквом
2009	избор патријарха Кирила (Гунђајева)

ЛИТЕРАТУРА

Behrens, Kathrin, *Die Russische Orthodoxe Kirche: Segen für die „neuen Zaren"? Religion und Politik im postsowjetischen Rußland (1991–2000)*, Paderborn u. a. 2002.

Булгаков, Макарий, митрополит Московксий и Коломенский: История Русской Церкви, книга первая – книга седьмая (у 8 томова). Москва 1994-1996 (прештампано).

Цыпин, прот. Владислав: История Русской Православной Церкви. Синодальный и новейший периоды (1700-2005). Москва 2007.

Davis, Nathaniel, *A Long Walk to Church. A Contemporary History of Russian Orthodoxy*, Boulder 1995.

Ellis, Jane, *The Russian Orthodox Church. A Contemporary History*, London – Sydney 1986.

Федоров, Владимир: Русская Православная Церковь и годусдраство. Синодальный период (1700-1917). Москва 2003.

Фирсов, Сергей: Русская Церковь накануне перемен (конец 1890-х – 1918 гг.). Москва 2002.

Goerdt, Wilhelm, *Russische Philosophie. Zugänge und Durchblicke*, Freiburg/München 1984.

Голубинский, Евгений: История Русской Церкви. Том I, II (у четири тома). Москва 1997-1998 (прештампано).

Die Grundlagen der Sozialdoktrin der Russisch-Orthodoxen Kirche. Deutsche Übersetzung mit Einführung und Kommentar, hg. von Josef Thesing und Rudolf Uertz, St. Augustin 2001.

Das Gute behaltet. Kirchen und religiöse Gemeinschaften in der Sowjetunion und ihren Nachfolgestaaten, hg. v. Hans-Christian Diedrich u. a., Erlangen 1996.

Hauptmann, Peter, *Rußlands Altgläubige*, Göttingen 2005.

Hösch, Edgar/Grabmüller, Hans-Jürgen, *Daten der russischen Geschichte. Von den Anfängen bis 1917*, München 1981.

Hösch, Edgar, *Geschichte Russlands. Vom Kiever Reich bis zum Zerfall des Sowjetimperiums*, Stuttgart – Berlin – Köln 1996.

Kappeler, Andreas, *Russland als Vielvölkerreich*, München 1992.

Kappeler, Andreas, *Russische Geschichte*, München 1997.

Korpela, Jukka, *Prince, Saint and Apostle. Prince Vladimir Svjatoslavič of Kiev, his Posthumous Life, and the Religious Legitimization of the Russian Great Power*, Wiesbaden 2001.

Müller, Ludolf, *Die Taufe Rußlands. Die Frühgeschichte des russischen Christentums bis zum Jahre 988*, München 1987.

Новые церкви, старые верующие – старые церкви, новые верующие. Религия в постсоветской России, под редакцией Киммо Каариайнена и Дмитрия Фурмана. Москва – Санкт Петербург 2007.

Onasch, Konrad, *Grundzüge der russischen Kirchengeschichte*, Göttingen 1967.

Die Orthodoxe Kirche in Rußland. Dokumente ihrer Geschichte (860–1980), hg. v. P. Hauptmann/G. Stricker, Göttingen 1988.

Payer, Alja/Glaßner, Gottfried, *Bibliographie der deutschsprachigen Literatur über das Christentum in Rußland (und Nachfolgestaaten der UdSSR) 1986–1993*, Melk 1996.

Podskalsky, Gerhard, *Christentum und theologische Literatur in der Kiever Rus' (988–1237)*, München 1982.

Поспеловский, Дмитрий: Русская Православная Церковь в XX веке. Москва 1995.

Поспеловский, Дмитирй: Православная Церковь в истории Руси, России и СССР. Москва 1996.

Pospielovsky, Dimitry, *The Russian Church Under the Soviet Regime 1917–1982*, 2 Bd.e, Crestwood 1984.

Russia. A History, ed. by Gregory L. Freeze, Oxford – New York 1997.

Die Russische Orthodoxe Kirche, hg. von Metropolit Pitirim von Volokolamsk und Jurjev, Berlin – New York 1988.

Scheliha, Wolfram von, *Russland und die orthodoxe Universalkirche in der Patriarchatsperiode 1589–1721*, Wiesbaden 2004.

Schenk, Frithjof Benjamin, *Aleksandr Nevskij. Heiliger, Fürst, Nationalheld. Eine Erinnerungsfigur im russischen kulturellen Gedächtnis (1263–2000)*, Köln – Weimar – Wien 2004.

Schulz, Günter, *Das Landeskonzil der Orthodoxen Kirche in Rußland 1917/18. Ein unbekanntes Reformpotential*, Göttingen 1995.

Schulz, Günter / Schröder, Gisela-A. / Richter, Timm C., *Bolschewistische Herrschaft und Orthodoxe Kirche in Rußland. Das Landeskonzil 1917/1918*. Quellen und Analysen, Münster 2005.

Smolitsch, Igor, *Russisches Mönchtum. Entstehung, Entwicklung und Wesen 988–1917*, Würzburg 1953.

Smolitsch, Igor, *Geschichte der russischen Kirche*, Bd. 1: Leiden 1964, Bd. 2: Wiesbaden 1990.

Smolitsch, Igor, *Leben und Lehre der Starzen. Der Weg zum vollkommenen Leben*, Freiburg/Basel/Wien 1988.

Stökl, Günther, *Russische Geschichte von den Anfängen bis zur Gegenwart*, Stuttgart (6)1997.

Stricker, Gerd, *Religion in Rußland. Darstellung und Daten zu Geschichte und Gegenwart*, Gütersloh 1993.

Tausend Jahre Christentum in Russland, hg. v. K. Chr. Felmy u. a., Göttingen 1988.

Torke, Hans-Joachim, *Einführung in die Geschichte Rußlands*,

München 1997.
Vulpius, Ricarda, *Nationalisierung der Religion. Russifizierungspolitik und ukrainische Nationsbildung 1860–1920*, Wiesbaden 2005.
Willems, Joachim, *Religiöse Bildung in Russlands Schulen. Orthodoxie, nationale Identität und die Positionalität des Faches „Grundlagen orthodoxer Literatur" (OPK)*, Münster 2006.
Знаменский, Петр: История Русской Церкви (учебное руководство). Москва 1996 (прештампано).

ИМЕНСКИ РЕГИСТАР

Регистар не обухвата имена библијских личности и аутора који се спомињу у фуснотама.

Авакум (око 1620-1682) 45, 237, 238, 241
Адријан (1638-1700) 47, 102
Александар Невски (око 1220-1263) 36, 37, 120
Александар III (1845-1894) 220
Алексије (1629-1676) 44
Алексије I (1877-1970) 137, 248
Алексије II (1929-2008) 62, 137, 142, 225
Амвросије (умро 1891) 183
Ана (умрла 1011) 69
Андреј (око 1111-1174) 32, 33
Антоније, митрополит (1863-1936) 86, 110
Антоније, монах (умро 1073) 176
Антоније („Велики", око 251-356) 176
Афанасјев, Николај (1893-1966) 170

Бек, Ханс-Георг (Beck, Hans-Georg, 1910-1999) 118
Бенедикт XVI (1927) 228
Болотов, Василиј (1854-1900) 160
Борис (умро 1015) 119
Брежњев, Леонид (1906-1982) 62, 140
Булгаков, Сергеј (1871-1944) 89, 165, 168, 169, 170, 171, 198

Василије Велики (око 330-379) 173
Василије II, цар (око 957-1025) 69
Василије III (1479-1533) 235
Висарион (1961) 246
Владимир Велики (око 950/56-1015) 30, 69, 70, 71, 76, 120
Вонифатјев, Стефан (умро 1656) 237

Генадије (умро 1504/5?) 234
Герман (1757-1837) 80
Германос I (око 650/660-posle 730) 198
Глеб (умро 1015) 119
Годунов, Борис (око 1552-1605) 42, 98

Голубински Евгениј (1834-1912) 159
Горбачов, Михаил (1931) 142, 144
Горичева, Татјана (1947) 250
Григорије (умро 1596) 96

Делор, Жак (Delor, Jacques 1925) 229
Димитрије Донски (1350-1389) 36, 38
Достојевски, Фјодор (1821-1881) 161, 183, 193
Дудко, Дмитриј (1922-2004) 250

Евлогије (1868-1946) 86
Ејзенштејн, Сергеј (1898-1948) 120
Ешлиман, Николај (1929-1985) 247

Зјуганов, Генадиј (1944) 201
Зоја (око 1448-1503) 213

Иван I Калита (умро 1340/41) 77
Иван III Велики (1440-1505) 40, 122, 180, 213, 234
Иван IV Грозни (1530-1584) 50, 98, 107, 123, 124
Игњатије (1807-1867) 187

Игор (913-945) 68
Иларион (умро око 1055) 72, 92, 152
Инокентије (1797-1867) 81
Исакије (XI столеће) 193
Исидор (око 1380/90-1463) 39, 96, 218

Јаворски, Стефан (1658-1722) 47, 49, 102, 103, 106, 107, 155, 156, 177
Јакуњин, Глеб (1934) 247, 249
Јарослав Мудри (око 978-1054) 31, 92, 120
Јељцин, Борис (1931-2007) 144, 145, 146
Јеремија II (око 1530-1595) 98, 99
Јермоген (1896-1976) 248
Јоаким (1620-1690) 102
Јован Дамаскин (670-754) 198
Јован Павле I (1912-1972) 224
Јован Павле II (1920-2005) 221, 228
Јона из Рјазана (умро 1461) 40, 96, 97
Јосиф из Волоколамска (1439/40-1515) 42, 179, 180, 234
Јуриј (око 1100-1054) 75

Канизијус Петрус (Canisius, Petrus, 1521-15979 155

Катарина II Велика (1729-1796) 50, 51, 83, 126, 127, 158, 182
Кирил (Гунђајев), патријарх (1946) 114, 137, 208
Конгар, Ив (Congar, Yves 1904-1995) 164
Корпела, Јука (Korpela, Jukka 1957) 65

Лењин, Владимир Иљич (1870-1924) 55, 134
Леонтјев, Константин (1831-1891) 165
Лудвиг I Побожни (778-840) 67

Мазур, Јиржи (Mazur, Jerzy, 1953) 228
Мајендорф, Џон (Meyendorff, John, 1926-1992) 170
Макарије (1816-1882) 159
Макарије, митрополит (1481/82-1563) 123, 124
Максим Грк (1470-1536) 235
Медведев, Дмитриј (1965) 145
Милер, Лудолф (Müller, Ludolf, 1917) 69
Михаил I (1596/97-1645) 43
Могила, Петар (1596-1647) 46, 154, 155

Наполеон, Бонапарта (1769-1821) 213
Неронов, Иван (1591-1670) 237, 238
Несторије (381-451) 162
Никодим (1929-1978) 140, 141, 224
Николај I (1796-1855)
Николај I, епископ (1836-1912) 81
Николај II (1868-1918) 87, 130, 200
Никон (1605-1681) 44, 102, 236, 237, 238
Нил Сорски (1433-1508) 42, 179, 180, 234
Нићофор I (око 750-828) 198

Олга (око 890-969) 68
Ориген (око 185-253/54) 160
Ото I Велики (912-972) 68

Павле I (1754-1801) 158
Пајсије (1722-1794) 184, 185
Палама, Григорије (1296/7-1357) 167, 170, 190
Петар (умро 1326) 77
Петар I, Петар Велики (1672-1725) 28, 45, 46, 47, 48, 49, 50, 53, 101, 102, 104, 105, 106, 107, 110, 125, 126, 130, 155, 157,

163, 174, 182, 211, 213, 215, 240

Петар III (1728-1762) 50, 126, 224

Пимен (1910-1990) 62, 137, 140, 142, 248

Платон (1737-1812) 158, 159

Победоносцев, Константин (1827-1907) 106, 109

Попе Анџеј (Poppe, Andrzej, 1926) 69

Посевино, Антонио (Possevino, Antonio, 1533-1611) 124

Прокопович, Тефан (1681-1736) 48, 49, 104, 106, 107, 130, 155, 177

Путин, Владимир (1952) 145, 215, 228

Регељсон, Лав (1939) 249

Рјурик (IX столеће) 43

Рубљов, Андреј (око 1360-1430) 200

Сахаров, Андреј (1921-1989) 246

Свјатополк (око 978/80-1018)

Свјатослав (умро 972/3) 69

Серафим Саровски (1759-1833) 186

Сергије II (1867-1944) 58, 59, 60, 86, 135, 136, 137, 247

Сергије Радоњешки (1314-1391) 174, 178, 179

Слипиј, Јосиф (1892-1984) 220

Солжењицин, Александар (1918) 246, 248

Соловјев, Владимир (1853-1900) 165, 166, 168

Стаљин, Јосиф Висарионович (879-1953) 58, 60, 120, 136, 137, 139, 227, 251

Стефан из Перма (око 1330/40-1396) 79

Теодор Студит (759-826) 198

Теодосије, митрополит (умро 1475)

Теодосије, монах (умро 1074) 176, 177

Теопомпт (XI столеће) 72, 92, 176

Тефан Затворник (1815-1894) 187

Теофан Грк (око 1340-1405) 200

Тихон (1865-1925) 55, 57, 86, 110, 133, 134, 137, 168

Тихон из Задонска (1724-1783) 186

Толстој, Лав (1828-1910) 161

Уваров, Сергеј (1785-1855) 130

Филарет (око 1566-1633) 45
Филипов, Данило (XVII столеће) 243
Филотеј из Пскова (умро 1547) 98
Филотеј из Тоболска (1650-1727) 80
Флоренски, Павле (1882-1937) 165, 167, 168, 171
Флоровски, Георгије (1893-1979) 170, 171, 214

Фотије (око 810/20-после 886) 151

Хантингтон, Самјуел (Huntington, Samuel 1927-2008) 207, 208
Хербертштајн, Сигисмунд фон (Herbertstein, Sigismund von, 1468-1566) 213
Хермоген (око 1530-1612) 43
Хомјаков, Алексеј (1804-1860) 163, 164
Хрушчов, Никита Сергејевич (1894-1971) 61, 138, 140, 178

Шмеман, Александар (1921-1983) 170

БЕЛЕШКА О АУТОРУ

Томас Бремер (Thomas Bremer, 1957), теолог и слависта. У Минхену, где је завршио гимназију, студирао католичку теологију, славистику и класичну филологију. Докторирао у Минстеру са тезом о еклисиологији у Српској православној теологији. Од 1999. професор за теологију и историју источних цркава на Католичко-богословском факултету универзитета у Минстеру (Немачка). После студија теологије и славистике у Минхену и у Београду (где је провео годину дана као стипендиста), докторирао је у Минстеру на теми из теологије Српске православне цркве. Од 1999. предаје у Минстеру. Аутор више књига и многих чланака о православљу у Србији, Русији и Украјини.

Томас Бремер
КРСТ И КРЕМЉ
Мала историја православне цркве у Русији

Издавачи
КИЗ АЛТЕРА, Београд
ИП ПРОСВЕТА а.д. у реструктурирању, Београд

За издаваче
Милан И. Арнаут
Јован Јањић

Лектура и коректура
Дејан Михаиловић

Слог и прелом
Миленко Живановић

Ликовно уређење
Студио АР...Т, Београд

Формат
13 x 20 цм

Обим
17 шт. табака

Тираж
800 примерака

Штампа завршена
Јануар 2012.

ISBN 978-86-6007-098-4

CIP - Каталогизација у публикацији
Народна библиотека Србије, Београд

271.222(470)-9

БРЕМЕР, Томас, 1957-
   Крст и Кремљ : мала историја Православне
цркве у Русији / Томас Бремер ; са немачког
превео Милутин Станисавац. - Београд : Алтера
: Просвета, 2012 (Београд : Алтера). - 268
стр. ; 21 cm

Превод дела: Kreuz und Kreml / Thomas
Bremer. - Тираж 800. - Белешка о аутору:
стр. 268. - Напомене и библиографске
референце уз текст. - Библиографија: стр.
258-261. - Регистар.

ISBN 978-86-6007-098-4 (Алтера)

a) Руска православна црква - Историја
COBISS.SR-ID 188849420

www.ingramcontent.com/pod-product-compliance
Lightning Source LLC
Chambersburg PA
CBHW062154080426
42734CB00010B/1689